# THÈSE

POUR

## LE DOCTORAT,

*SOUTENUE*

Par M. EDMOND DELQUIÉ,

**Avocat,**

Né à Toulouse (Haute-Garonne).

TOULOUSE,

IMPRIMERIE DE JEAN-MATTHIEU DOULADOURE,

RUE SAINT-ROME, 41.

1849.

A mon Père et à ma Mère.

## DES DIFFÉRENTS EFFETS QUE PRODUISENT LES CONVENTIONS, EU ÉGARD A LA NATURE OU A LA PLURALITÉ DE LEUR OBJET, ET A LA PLURALITÉ DES PERSONNES, SOIT EN DROIT ROMAIN, SOIT EN DROIT FRANÇAIS.

De Obligat. et Action., *ff lib.* 44, *tit.* 7; *et* de duobus Reis constit., *ff lib.* 45, *tit.* 2. — *Code civil*, 1189 à 1225.

Le sujet que nous avons à traiter, est l'un des plus épineux de la science du Droit. Ce qui doit ajouter encore pour nous à sa difficulté, c'est son immense étendue et surtout l'absence presque complète de textes législatifs et de doctrines certaines sur quelques-unes de ses parties. Aussi notre Thèse ne sera-t-elle qu'une esquisse très-rapide des principes dominants de la matière et des points de droit les plus controversés qui s'y rattachent. Le plan que nous nous proposons de suivre est simple : c'est celui qui nous est indiqué par la position même de la question. Nous diviserons notre matière, tant pour le Droit Romain que pour le Droit Français, en trois chapitres.

Le premier expliquera les effets produits par les conventions, eu égard *à la nature de leur objet :* dans ce chapitre rentreront principalement les obligations *divisibles et indivisibles.* Afin de ne pas laisser de lacunes dans l'ensemble de notre travail, nous énoncerons sommairement les principes généraux des obligations *de donner, de faire et de ne pas faire :*

mais nous ne pourrons suivre ces principes dans leurs applications, parce qu'elles nous paraissent se confondre entièrement avec les théories sur la vente, sur l'extinction des obligations, etc...., matières riches et difficiles, dont l'étude nous amènerait bien au delà des limites déja si vastes de notre question. — Quant aux obligations, que certains docteurs appellent *personnelles et réelles*, et qui pourraient, à la rigueur, trouver place dans notre cadre, elles en seront écartées par cette raison qu'elles ont trait beaucoup plus aux *sujets* de l'obligation et à la transmissibilité *du lien* de droit, qu'à la nature même de l'objet.

La *pluralité de l'objet* des obligations sera le thème d'un second chapitre, où devront être étudiées les obligations alternatives et les obligations facultatives, quoique l'objet de ces dernières ne soit qu'accessoirement et non principalement multiple.

Enfin, la *pluralité des personnes* nous amènera à traiter, dans un troisième et dernier chapitre, des obligations *corréales* et des obligations *in solidum*. Ici la logique et l'étendue de notre sujet nous forceront à laisser de côté toutes les théories relatives à l'adstipulation, à la fidéjussion en Droit Romain, et au cautionnement en Droit Français, matières dans lesquelles la pluralité des personnes n'existe pas à proprement parler, ou du moins est purement accessoire.

# JUS ROMANUM.

(Digest. lib. XLIV, tit. VII; — lib. XLV, tit. II.)

Primùm de naturâ præstationis ex obligatione debitæ; deindè de pluribus debitis præstationibus; tandem de pluribus reis stipulandi promittendive disserendum est.

## CAPUT PRIMUM.

### DE NATURA PRÆSTATIONIS EX OBLIGATIONE DEBITÆ.

Nulla esse potest obligatio sine re aut generalius sine præstatione, quæ quidem in translatione proprietatis seu tantummodò ususfructus possessionisve, aut in facto consistit. (Inst. lib. III, tit. XV, § 7.) Dicendum est de obligatione quæ in dando consistit, posteà de obligatione faciendi vel non, deniquè de obligatione dividuâ aut individuâ.

## SECTIO I.

### De obligatione quæ in dando consistit.

Res ipsa, quæ in obligationem deducitur, ad mobilia immobiliave pertinebit (tit. XIX, lib. III, prœm. Inst.); atque non solùm corpora, quæ in rerum sunt naturâ, in stipulationem benè deducuntur, sed etiam ea, quæ non adhuc exstantia attamen esse possunt, veluti fruges : sed non stipulabor validè hippocentaurum qui esse non potest (tit. XIX, lib. III, § 1er Inst.). — Inter res quædam nequeunt in stipulatum deduci, scilicet eæ quarum commercium non habuerit stipulator seu universè, seu particulariter (§ 2 id.) Hæc ultima verba enodanda sunt.

Res extra commercium *universè* veluti non existens censetur, et ideò obligatio quæ ad eam pertinet nulla est sicut præstatione carens, quia : « quod nullius esse potest, id ut alicujus fieret, nulla obligatio valet efficere. » ( Leg. 182, *de reg. jur.*, ff.) In hoc sensu, extra commercium sunt res sacræ aut religiosæ, vel publicæ quæ usibus populi expositæ sunt, vel homo liber. (L. 5, prœm., ff lib. 18, tit. 1.) Qui de talibus negotiis stipulatur, nullam acquirit obligationem, sive sciat rem esse extra commercium vel non, quia dominio nostro absolutè exempta est. Parvi refert extra commercium rem, stipulatam in diem aut sub conditione, advenisse posteà in commercium stipulatoris, nam ab initio inutilis erat obligatio. — Res quæ exstincta est non validè in obligationem deducitur, sic mortuus vel res deusta (leg. 1, § 9, ff lib. 44, tit. 7); sed res quæ existit, aut melius hujus æstimatio pecuniaria in stipulationem potest deduci, etiam in eo casu quo exstincta erit. (L. 8, cod. lib. 8, tit. 58.)

Si res existit *particulariter* extra commercium, id est, si hujus commercium non habuerit stipulator, stipulatio nulla erit, quia creditorem fugit dominium rei; quæ ejus esse nequit : sic, qui officii causâ in provinciâ agit vel militat, prædia comparare in eâdem provinciâ non potest (lib. 18, ff tit. 1, lex. 62); sic, tutori, quod administrat, non licet emere quid vel per se, vel per aliam personam ( *id.* leg. 46 ); sic, Paganus, Judæus, Samaritanus et alius Hæreticus non potest Christianum servum habere. (Leg. 2, tit. 10, lib. 1, cod.)

Cæterò « multùm interest, utrùm ego stipuler rem, cujus commercium non habeo, an quis promittat. Quam si stipuler, inutilem esse stipulationem placet : si quis autem promittat, cujus non commercium habet, ipsi nocere non mihi. » ( Leg. 54, ff lib. 45, tit 1.) Etenim quamvis promittens ipse eam acquirere nequeat, cogi potest, ut eam stipulatori per alium præstet.

Nemo quoque utiliter stipulari potest rem, quæ jam sua fuerit in tempore stipulationis; nam quod jam nostrum est, ampliùs nostrum fieri nequit, et ideò obligatio impossibilis est. Quarè dicitur rem nostram esse extra nostrum commercium, saltem erga acquisitionem ; sed possum stipulari meæ rei æstimationem. « Nemo rem suam utiliter stipulatur, sed pretium rei suæ non inutiliter. » (Lib. 45, tit. 1, ff leg. 82.)

Quid de stipulatione rei, quæ mea non erat in principio, sed quæ posteà mea facta est ? Generaliter debitor liberabitur, quia executio obligationis effici nequit : attamen distinguendum est. Si species debetur ex causâ lucrativâ, debitor liberatur, cùm eadem species ex causâ lucrativâ ad creditorem pervenerit, quia duæ causæ lucrativæ in idem caput concurrere non possunt. Contrà, si res debita est aut pervenerit non lucrativè, reus promittendi non liberabitur et æstimationem præstationis promissæ debebit. — Inutiliter stipulabor rem, quæ jam ab eodem promissore mihi debetur, nam : « qui bis idem promittit, ideò jure ampliùs quàm semel non tenetur. » (Leg. 18, *de verb. oblig.*)

Debitor, qui rem præstare debet, hujus custodiendæ et servandæ necessitate adstringitur, et tenetur ad damnum resarciendum, si culpis suis eam nequit tradere.

Quod præstare oportet, semper certum sit : in stipulationem deduci non potest res incerta. (Marcell. leg. 94, *de verb. oblig.*) Illud tamen verbum *certum* intelligendum est latissimè et non strictè, nam universo consensu stipulationum quædam certæ dicuntur, quædam incertæ. — Obligatio certa est, cùm ex eâ ipsâ apparet quid, quale, quantumque sit ; ut ecce aurei decem, etc. (Leg. 74, ff *de verb. oblig.* Gaius.) Quòd si non apparet quid, quale, quantumque est in stipulatione, incerta dicitur obligatio ; sic, si quis vel hominem generaliter sine proprio nomine, aut vinum frumentumve sine quantitate dari sibi stipuletur. (Ulpian. leg. 75, *id.*) — Incertæ sunt, stipulationes faciendi vel non faciendi sine pœnalibus clausulis ; stipulationes, quibus alternatè promittuntur plures res certæ quidem, cùm electio debitoris est. (Ulpian. l. 75, § 8, *de verb. oblig.* — Javolen. leg. 106, *id.* ff.) — Manifestum est incertam esse stipulationem rei futuræ, sic : « eum qui ex Arethusâ ancillâ natum erit, aut fructus fundi Tusculani, etc. » ( leg. 75, § 4, *id.* ) ; aut stipulationem cujuslibet rei quæ in jure consistat, sic ususfructûs, cujus spatium ignoratur ( leg. 75, § 5, *id.* ). — Et etiam incertum deducit in obligationem, qui stipulatur vini Campani *boni* amphoras centum, quia bono melius inveniri potest. Si quis autem *optimum* stipuletur, tunc de certo obligatio est, quia bonitas perfectissima æquiparatur veræ designationi. — Incertum sæpè certum fit per relationem ad aliquid certi, et certam efficit obligationem : sic, si quis frumentum, quod in Pauli horreo est, stipulatur, certum stipulari putatur. ( Leg. 75, § 5, *de verb. obligat.* ).

Quòd si certum corpus promisi, hoc ipsum solvi necesse est ; nec liberari possum aliud æquè bonum meliusve, aut rei æstimationem offerendo. At si negotium promissum est in genere, sicut *ovis*, exstinguitur obligatio datione cujusdam *ovis*. Non solvi tamen creditor videtur præstatione rei vitiosæ aut pessimæ, etiam si creditoris electio non sit.

## SECTIO II.

### *De re faciendâ aut non faciendâ.*

« Non solùm res in stipulatum deduci possunt, sed etiam facta, ut si stipulemur aliquid fieri vel non fieri. » ( Inst. lib. III, tit. XV, § 7. ) Facta deducta in stipulationem possibilia et licita esse debent, id est, non inhibita naturâ aut lege. ( Ulp. leg. 26, *de verb. oblig.* )

Facta promissa consistunt : vel in faciendo, veluti fossam fodiri, etc... quod ab hodiernis obligatio *affirmativa* appellatur ; vel in non faciendo, quod est *negativa*, veluti per te non fieri quominùs mihi per fundum tuum agere liceat, etc... — Factum ipsum in obligationem deductum expleat debitor, nec liberetur pretio damni contingentis prætermissione ; etenim damnandus est pecuniariæ æstimationi solummodò, cùm aliter creditori satisfacere nequeat. In his obligationibus optimum erit clausulam pœnalem subjicere, ne quantitas stipulationis in incerto, ac necesse sit actori probare quod ejus intersit ( Leg. 75, § 7, *de verb. oblig.* ff ). — Deniquè in stipulationem non deducatur factum, quod stipulatoris non interest ( Ulp. leg. 58, ff ).

## SECTIO III.

### *De obligationibus dividuis et individuis.*

Etsi de solutionibus non agamus, tamen dicendum est aliud pro alio, nec pro parte solutionem offerri posse : quod quidem nos adducit ad obligationes dividuas individuasque. Hæc materia difficillima et innumeris controversiis intricata est, ut ipse dixit Molinæus in *extricatione labyrinthi dividuorum et individuorum.* Regulæ, quæ excutiendæ sunt breviter, discent in quibus casibus stipulata res præstationem partium recipit vel non. Idcircò omne hoc pertinet obligationibus duorum pluriumve, aut meliùs obligationibus quæ unicæ in origine deindè factæ sunt multiplices, quia debitor aut creditor relictis pluribus heredibus decesserit ; nam inter debitorem et creditorem priores reos, obligatio etiam rei dividuæ semper solvitur totaliter, ut si res individua esset. Ipsis contrahentibus viventibus inter utrumque obligationum genus nulla est differentia.

### § I.

### *De obligatione dividuâ.*

Obligatio, cùm stipulatio partium præstationem recipit, vel cùm facta fuit pecuniaria æstimatio, dividua est et potest solvi partim, veluti cùm decem aureos dari stipulamur. Quarè unusquisque creditor tantùm exigere poterit pro suâ parte solutionem, et pro eâdem acceptum ferre debitum : suâ parte solùm debitor tenetur, quam semper potest separatìm offerre. — Obligatio dividua et in origine unica dividitur plano jure post mortem creditoris aut debitoris inter eorum heredes, et singuli heredes fiunt creditores debitoresve pro parte virili, quo quidem intelligimus unam clavium Molinæi, scilicet *dividuitatem non esse divisionem :* etenim vivente uno creditore et uno debitore, obligatio dividua est sed non divisa, donec uno mortuo inter heredes ejus et dividua et divisa erit obligatio.

An in dividuâ obligatione partium heredum seu creditoris seu debitoris confusione cessabit facultas partim solvendi, agitatum est. Huic quæstioni respondetur : secundùm Romani principia Juris, divisio obligationis in viriles partes non mutat debiti naturam quod unum manet; omnes creditores vel debitores fictivè unius loco numerantur ( leg. 9, ff *de pactis* ). Divisionis causa erat tantùm personarum numerus : quid ergo ? si facto quolibet abest hæc multitudo, divisio quoque stipulationis finire debet, quia semper cessante causâ cessat effectus. Parvi refert, utrùm confusio fiat, quia unus heredum aliis heredibus successit, an confusio existat cessione juris aliorum. Frustrà diceretur acquisitum à debitore jus solvendi per partes non jam amittendum esse, aut debitorem obligari tantùm sicuti auctores suos qui singuli pro parte tenebantur : quod verum esset, si facultas fractionis stipulationi ipsi inhæreret, et non facto contingeret personarum multitudinis. — Quid si heres diversorum debitorum, iis successerit cum inventarii beneficio ?

Discernendæ sunt stipulationes dividuæ quæ *specie*, et eæ quæ *genere* consistunt. Cùm *species*, id est, certa et determinata corpora stipulamur, dividitur stipulatio inter heredes ejus qui stipulatus est, *ut partes corporum cuique debebuntur;* veluti cùm Mævium aut Ælium quis stipulatus, duos heredes æquis partibus institutos habuit, utrique debetur pars dimidia Mævii Æliive. Quòd si *genera* stipulemur, id est, indeterminata corpora, *numero fit inter eos divisio;* sic, si idem duos homines stipulatus fuerit, singulos homines ejus heredibus solvi necesse est. ( Julian. leg. 54, ff præm.

*de verb. oblig.* ) — Operarum stipulationes æquiparantur generum stipulationibus, et idcircò divisio non in partes operarum sed in numerum fit. ( *Id.* § 1. )

## § II.

### *De obligatione individuâ.*

Obligatio individua est, cùm stipulatum, physicè vel juridicè solvi pro parte non possit. Molinæus, accuratissimus harum doctrinarum interpres, tres individuitatis discernit species, scilicet, individuitatem *naturâ aut contractu*, individuitatem *obligatione*, et individuitatem *solutione*. Hanc divisionem, in subtili et scholasticâ analysi conditam, non usurpabimus : etenim melius videtur Romanam sequi Pauli sententiam. « In executione obligationis sciendum est quatuor causas esse. Nam interdùm est aliquid quod à singulis heredibus divisim consequi possumus ; aliud quod totum peti necesse est, nec divisim præstari potest ; aliud quod pro parte petitur, sed solvi, nisi totum, non potest ; aliud quod solidum petendum est, licet in solutione admittat sectionem. » ( Paul. *de verb. oblig.*, ff leg. 85, *præm.* ) Stipulationes relinquemus dividuas tam quoad obligationem quàm quoad solutionem, de quibus jam tractatum fuit, et loquemur : 1° de stipulationibus individuis quoad obligationem solutionemque ; 2° de aliis dividuis quoad obligationem sed individuis quoad solutionem ; 3° tandem de individuis quoad obligationem sed dividuis quoad solutionem.

1. De stipulationibus individuis quoad obligationem solutionemque.

In hâc specie ponendum est *opus*, quod testator à suis heredibus fieri jussit, nam adversùs singulos heredes agi potest in solidum, et nequit unus ex his liberari pro parte illud faciendo, « quia operis effectus in partes scindi non potest. » ( Paul. *de verb. oblig.* leg. 85, § 2. ) — Hic est

locus principii expositi à Marcello ( lex 192, ff *de reg. jur.*):
« Ea quæ in partes dividi non possunt, singula à singulis
heredibus debentur; » quamobrem, cùm individuæ obligationes partium fractionem non recipiant, unusquisque creditor vel unusquisque heres creditoris petere poterit et obtinebit
totam præstationem, quâ solutâ liberabitur debitor. Pariter
quisque debitor vel heres debitoris cogetur solvere totam
præstationem, nam individua obligatio ad heredes cujusvis
debitoris in solidum transit. — Exempli gratiâ afferemus
adhuc servitutes viæ, actûs itinerisve, quæ divisionem non
recipiunt. Sic, si Caius promisit Mævio actum per fundum
Titii, Caio mortuo, heredes hujus singuli in solidum tenentur : quòd si unus ex heredibus præstiterit solidum, à cohe-
redibus habebit repetitionem pretii, quod consumpsit ad
emendum actum, familiæ erciscundæ judicio. — Quid in
contrariâ hypothesi, si stipulator Mævius decessisset pluribus
relictis heredibus ? Pomponius ait singulos in solidum habere
actionem actûs. Quidam verò stipulationem factam inutilem
esse putant, quia per singulos acquiri servitus nequit. Paulus Pomponii partes sustinet, quia, si difficulter solutio
efficietur, tamen naturâ rerum potest solvi præstatio. — Si
obligatio actûs operisve non fiat, resolvetur obligatio *in id
quod interest*, et tunc dividua erit, quia pretium sit dividuum.

II. — De stipulationibus dividuis quoad obligationem, sed individuis
quoad solutionem.

Hujus stipulationis est celeberrimum exemplum in leg. 85,
*de verb. oblig.* § 4, Paul. « Pro parte peti, solvi autem nisi
totum non potest, veluti quùm stipulatus sum hominem *incertum.* » Petitio enim partis incerti servi scinditur naturâ
ipsâ, id est, conspicit partem quamdam cujuslibet servi quem
promissor dare volet, quia homo incertus in obligatione
contineatur. Sed si, parte servi incerti datâ, tibi fingas à
stipulatore peti relliquias stipulationis, non plus exigere

censetur partem servi incerti sed servi certi, cujus jam fractionem habuit : nam stipulatus fuerat in principio *totum ser-*
*vum incertum* et non duas pluresve diversorum hominum
partes. Idcircò servus incertus, qui partim peti possit quoad
obligationem, non ità dividi potest quoad solutionem.
Sin aliter, stipulator non consequeretur rem ab initio
deductam in obligationem. — « Ne heredes quidem
pro parte solvendo liberari possunt, quandiù non eamdem
rem omnes dederint. Non enim ex personâ heredum con-
ditio obligationis immutatur. » ( Leg. 2, § 2, Paul. *de verb.*
*obligat.* )

III. — De Stipulationibus individuis quoad obligationem et dividuis
quoad solutionem.

Paulus talem stipulationem refert in l. 85, *de verb. oblig.*
§ 5. Fingit factam fuisse à defuncto, qui multos heredes reli-
quit, venditionem quamdam rei, è quâ deindè emptor evictus
fuit. In solidum emptorem agere oportet adversùs omnes
heredes venditoris, etsi heredes solutione pecuniariæ
æstimationis damni, quod contigit, liberari partim possint : « Auctoris heredes in solidum denuntiandi sunt,
omnesque debent sustinere, et quolibet defugiente omnes
tenebuntur ; sed unicuique pro parte hereditariâ præstatio
injungitur. » Ergò meritò dicitur hæc obligatio individua
quoad obligationem, sed dividua quoad solutionem.

De quibusdam regulis obligationum individuarum generalibus.

Individua obligatio *in totum* sed *non totaliter* debetur.
Aliud enim est debere in totum, aliud debere totaliter : debitores in totaliter singuli solidum debent quasi essent soli ;
donec debitores in totum solidum debent tantummodò, quia
præstatio non est habilis executionis per partes. Indè diffe-
rentiæ inter obligationes individuas et obligationes correales,
de quibus tractabimus infrà.
Unus ex heredibus creditoris individuæ obligationis, pro

omnibus solutionem potest accipere ; sed nequit rem *pro recepta ferre* nisi secundùm partem suam ( à contrar. leg. 13, § 12, *de acceptil*). Tali remissione obligatio non exstingueretur ; et cæteri creditores obtinerent præstationem totam, dùm præstent debitori pecuniariam æstimationem partis creditoris, qui *pro accepto* habet. — Idem juris est, si debitor fiat heres unius creditoris ; tùm alter creditor ab eo petat totam rem, offerendo æstimationem pecuniariam partis, quæ creditori evenisset defuncto. — Remissio verùm concessa uni debitorum amplectitur totam præstationem individuam, omnesque liberat.

In obligatione individuâ singuli heredes debitoris rem in totum debent, et igitur ab iis tota peti potest ; sed cùm non debeant totaliter, si res ab uno exigitur, ille petere potest tempus intrà quod vocabit in jus suos coheredes, ne solus condemnetur ( leg. 11, § 25, ff *de leg.* 5 ).

Indicanda sunt adhuc breviter signa peculiaria obligationum quarumdam circa quas disseritur si dividuæ individuæve sint.

Obligatio *dandi* est modò dividua, modò individua, prout res debita dividi potest vel non. Quid si unus debitorum dationem rei individuæ negat ? Creditor obtinebit adversùs eum æstimationem rei pecuniariam in solidum (leg. 25, § 10, ff *famil. erciscund*). — Quid si unus creditorum obtinere nequit à suo debitore præstationem individuam ? Damnabitur debitor ad solvendum creditori æstimationem pecuniariam, sed solùm pro ratâ parte quam ille in credito habet ( leg. 25, § 9, ff *famil. erciscund*). — Quid de obligatione fundum tradendi ? — Quid de obligatione dandi certam pecuniam ad exstruendum opus ?

An obligatio *faciendi* semper individua sit ? De hoc multùm disseritur : attamen plerique putant hanc obligationem modò dividuam, modò individuam exstare. Hoc enim dicitur in quintâ clavi Molinæi : « Omnis obligatio etiam facti dividua est, nisi quatenùs de contrario appareat. » Individua est , si factum in obligationem deductum omninò per partes præstari nequeat, sic si stipulatum sit , rem haberi ratam.... Dividua est , si factum , de quo cautum sit , divisionem recipiat, veluti si stipulatus sis te liberaturum esse quemdam debitorem ; nam hæc stipulatio dividi potest erga hæredes hujus debitoris defuncti. — Obligatio facti individui interemta est tantùm totâ executione ; sed condemnatio pecuniaria , quæ propter prætermissionem accidit in unum debitorum vel pro uno creditorum , pronuntiatur solùm pro ratâ ( Leg. 72 , *præm. in fine*, ff *de verb oblig.* ). — Cur in obligatione *dandi individuâ* debitor propter prætermissionem pecuniariæ æstimationi damnatur in solidum , dùm in obligatione *faciendi individuâ* tantùm pro ratâ ? His respondetur : Omnis debitor stipulationis *dandi* rem ipsam debet , et damnatio pecuniaria , quæ præstationi subrogatur , omninò ejus præstationis locum habet ; indè quisque debitor totaliter debet hoc subrogatum pretium. Contrà in obligatione *faciendi* individuâ , pecunia è damno contingens præcipuè debetur , et accessoriè factum , quod est in solutionis facultate sed non in obligatione : idcircò condemnatio pecuniaria in id quod interest non subrogatur rei debitæ , nam ipsa ab initio debebatur ; porrò hæc æstimatio dividua est : igitur à quolibet debendi reo solvenda est pars pro ratâ.

Obligatio in *non faciendo* pariter dividua erit , cùm quis obligatur ad non agendum aliquid dividuum ; tùm si factum unius ex debitoribus pro parte nocet creditori , ille creditor auctorem culpæ solùm persequi potest. ( Leg 4 , § 1 , ff *de verb. oblig.* )—Sæpissimè individua est obligatio non faciendi : et si vel minimè contra eam actum quid fuerit , stipulatio tota violabitur ( Leg 44 *famil. ercisc.* , ff § 5 ); quo quidem in casu omnes debitores tenentur, si unus ex iis legem omiserit contractûs. Tibi finge hanc stipulationem : « Per te non fieri , quominùs mihi ne , agere liceat , aut mihi heredique habere licere : dolum malum abesse à te heredeque tuo ; » si unus ex heredibus tuis stipulantem ire vel agere prohibuerit, omnes illi heredes violatione contractûs tenentur, quisque pro ratâ parte ; sed illi qui damnum solverunt, hoc pretium à peccante repetent actione familiæ erciscundæ, dùm ipse peccans tenebitur in solidum ( *de verb. oblig.* ff leg 2 , § 5. )

De dividuis et individuis obligationibus multa adhùc dicenda essent, quorum pleraque partibus juris civilis Gallici optimè adjungi possunt, et nunc omittenda sunt vitandi causâ iterationes.

## CAPUT II.

### DE PLURIBUS PRÆSTATIONIBUS DEBITIS.

Prout præstationes unicè pluraliterve debentur, obligationes simplices vel multiplices dicuntur. — Simplex est obligatio, cùm res sola ac determinata debeatur. — In obligationem, quæ ab hodiernis *composita* dicitur, plures præstationes deducuntur, tàm conjunctìm ut simul singulæ debeantur ; quàm disjunctìm, cùm alterius executio solùm necessaria sit : et hæ ultimæ stipulationes alternativæ et facultativæ vocantur.

### I. — De obligatione conjunctivâ.

Obligatio conjunctiva est, cùm agitur de pluribus præstationibus non inter se attinentibus ; sic, si stipulatus sum centum aureos, domum Romæ, et fundum Tusculanum ; debitor liberabitur tantùm trium rerum solutione, sed eas solvere potest separatim, nam tot sunt stipulationes quot· res. ( Leg 29, *prœm.*, ff *de verb. oblig* )

### II. — De obligatione alternativâ.

Cùm agitur de re indeterminatâ inter plures res determinatas, ità ut solutione alterius rei exstinguatur totum debitum, dicitur obligatio alternativa. « Modus obligationis est, cùm stipulamur centum aut hominem Sejum ; nam alterius solutio totam obligationem interimit, nec alter peti potest, utiquè quamdiù utrumque est. » ( L. 44, § 3, ff *de obligat. et act.* ) — Electio rei est modò debitori, modò creditori, modò alienæ personæ.

Si creditor jus electionis contractu in se non transtulit, semper electio debitoris est : tunc stipulatio est de incerto, nam debitor liberabitur solutione unius rei secundùm suam electionem. — Si purè stipulatus sum Stichum aut Pamphilum dari, licebit debitori quotiès volet mutare voluntatem usque ad tempus, in quo unus servorum præstandus est. — Quòd si stipulatus fuissem *utrùm malueris ;* uno electo, debitoris electio nequit jam mutari. ( Leg. 156, § 1, ff *Venulej. id.* )

Si verò electionem sibi constituerit creditor, veluti si centum aut hominem Sejum stipulatus sit, ut ipse posteriùs elegerit, certa dicitur stipulatio ( Paul. leg. 95, *ibid.* ). In stipulationibus, verba *quem voluero* aut *quem volam* multùm discrepant : quorum differentias optimè commentatur Pomponius : « Respiciendus est, inquit, sermo stipulationis. Si talis fuerit, *quem voluero*, cùm semel elegerit, mutare voluntatem non poterit : si verò tractum habeat sermo illius, et sit talis, *quem volam*, donec judicium dictet, mutandi potestatem habebit. » ( L. 112, ff *de verb. oblig.* ) Eligendi facultas ad heredes seu creditoris, seu debitoris transit. — An obligatio, in quâ creditoris electio est, cum electionis potestate possit in alium cedi ? De hoc disputatur : quamvis electio generaliter personalis sit, statutum est cessionem cum electionis facultate fieri posse. ( L. 76, *de opt. leg.* ff. ) — Debitori ne, qui, nesciens esse alternativam obligationem, tradidit rem, quam solam deberi credebat, licet eam condicere ut alteram præstet ? Proculeii inter quos Celsus ( leg. 19, ff *de leg.* 2 ), non concedebant debitori hanc condictionem indebiti, quia præstatio soluta rectè debebatur, etsi altera quoque potuerit solvi. Julianus autem, Sabinianorum principiorum defensor ( leg. 32, § 3, ff *de condict. indeb.* ), debitori sinit condictionem , ne facti lædatur errore , quem non potuit effugere ; et quia res soluta sine dubio in obligatione erat , sed non omninò , quamdiù non elegerit debitor. Huic responsioni accessit Justinianus.

Non est stipulatio alternativa , in quam duæ quantitates pecuniæ , altera major , altera minor deducuntur, nam minor quantitas semper promissa videtur ; item , si debetur diversis diebus , nam tempus longius censetur adjectum. ( Pomponius , leg. 12 , ff *de verb. oblig.* ) — Nullus debitor alternativæ obligationis liberari potest , utriusque rei partem solvendo : nullusque creditor utriusque partes validè petet ( leg. 2 , § 1 , ff lib. xlv , tit. 1 ); et alternativa obligatio individua est in hoc sensu. Attamen si annuæ præstationes disjunctim debeantur , sicuti creditor vel promissor maluerint , singulis annis mutare possunt voluntatem.

In alternativà obligatione tot sunt obligationes quot corpora , sed fit solutio datione unius rei ( ff *de solut. et liberat.*, leg. 72 , § 4 ). — Si altera rerum , quæ mihi alternatè debetur , non jam deberi potest , quia eam acquisivi lucrativè , altera præstanda est determinatè ( leg. 15 , ff *de verb. oblig* ). Evenire potest ut rerum promissarum utraque vel alterutra intereant : quid ergò ? Etsi de interitu rei non tractandum sit , breviter discernemus , si res perierunt simul vel non , casu vel culpà. In exstinctionibus tractandis agitur de rebus determinatis in specie , sed non in genere : etenim si *generaliter* debentur vel equus , vel pecunia , nunquàm exstinguentur hæ præstationes , quia genus nunquàm periit , et quia incendium ære alieno non exuit debitorem ( leg. 11 , cod. *si cert. pet.* ).

*De casu :* quid si altera res debita casu perierit , altera superstite ? Altera superstes præstari vel peti sola potest , et nunquàm offeretur exigeturve intereunte æstimatio , sive stipulatoris electio sit , sive promittentis ( l. 2 , § 5 , ff *de eo quod certo loco* ). — Si secunda res casu quoque perierit , tota obligatio exstinguitur , quia debitor certi cor-

poris liberatur interitu rei. Proptereà optimè dictum est :
« In disjunctivis obligationibus prioris rei periculum aut
ad promissorem , aut ad venditorem ; posterioris autem ad
stipulatorem respicere. » ( Warnkœnig , in l. 34 , § 6 , *de
contrah. empt.* )

*De culpâ :* discernendum est , si alterutra vel utraque res
interemta est debitoris aut creditoris culpâ.

(a) *De culpâ debitoris :* quid si , creditore eligente , res
perierunt culpâ debitoris ? Unâ exstinctâ , rem quæ supererit aut pecuniariam interemtæ æstimationem petere potest
creditor : facillimè enim intelligitur creditorem ex facto debitoris facultate electionis nudari non posse.(arg. leg 34, § 6,
*de contr. empt.* ) — Si utraque res perierit culpâ debitoris ,
alterius vel alterius æstimationem exigendi potestatem habet creditor. ( Leg. 95 , § 1 , ff *de solut.* ) — Si altera res
interemta sit casu et altera culpâ, præstanda erit æstimatio
ejus quæ culpâ periit.

Quid si , debitore eligente , res perierunt culpâ debitoris ?
Ea quæ supererit , manebit sola in obligatione , nam altera
interemta culpâ nunquàm exstitisse censetur. — Sed si altera
primùm culpâ perierit , et deindè altera casu , nil creditori
debetur , quia posterior res tantùm hujus periculo erat. ( ff *de
solut.* , leg. 95 , § 1 *in fine* ). — Deniquè dicendum est , si
altera res culpâ et altera et casu simul perierunt , vel si prior
casu et posterior culpâ interemtæ sunt , rectè peti æstimationem hujus quæ culpâ periit.

(b) *De culpâ creditoris :* Utraque vel alterutra res perierunt culpâ creditoris. — Debitori facultate electionis relictâ,
hic præstare tenetur rem quæ supererit. Ne per id contingat
damnum debitori , ille habet ex lege Aquiliâ actionem in
creditorem ; quâ quidem actione debitor repetet differentias
æstimationis duarum rerum , si facto creditoris coactus
fuit ad tradendam rem pretiosiorem. ( ff ad Leg. Aquil , leg.
55 , Paul. )

Si creditoris esset electio, quid ? Petere poterit rem superstitem, sed ex lege Aquiliâ tenebitur præstare æstimationem rei culpâ suâ interemtæ. — Si prior res casu et posterior culpâ creditoris, vel prior culpâ creditoris et posterior casu perierint, stipulatio exstinguitur. ( Ad Leg. Aquil. , leg. 54 , ff arg. )

### III. — De obligatione facultativâ.

Obligatio facultativa est, cùm una res in stipulationem deducitur, et cùm altera alterævè res indicantur solùm in facultate solutionis ; sic, equum Bucephalum dare spondes, nisi malueris centum aureos dare. Una res, scilicet equus Bucephalus, debetur et solvenda est ; de alterâ promissum est accessoriè. Idcircò sunt duæ obligationes, altera principalis, altera adjecta : et debitor solutione prioris vitat posterioris ortum. — Quomodò discrepant obligatio alternativa et facultativa ?

## CAPUT III.

### DE PLURIBUS REIS STIPULANDI PROMITTENDIVE.

Necessariæ personæ in omnibus obligationibus sunt creditor et debitor ; creditor qui alterum sibi adstrictum habet ex quâcumque causâ, debitor qui præstatione promissâ tantùm sese liberabit. Fieri potest, ut in unâ obligatione plures creditores aut plures debitores existant. Ex hâc unitate multitudinevè debitorum et creditorum nascuntur obligationes ab hodiernis dictæ unicæ et multiplices.

Obligatio unica uni debitori pro uno creditore inponitur. Multiplex est autem obligatio, cùm plures creditores stipulati fuerunt aut plures debitores promiserunt : quod quidem evenit ex tribus modis, scilicet in disjunctâ, in conjunctâ vel pro ratâ, deniquè in correali obligatione.

## SECTIO I.

### *De disjunctâ obligatione.*

Hujus quidem invenimus exempla aut in stipulationibus, aut in testamentis : sic, si centum promisi seu Cato , seu Sejo , seu Titio , tres sunt creditores ; sed solutio , uni data secundùm electionem meam , ergà omnes me liberabit. — Quid si defunctus in testamento centum aureos dat Caio vel Titio ? Romani interpretes multùm de hoc disserebant : alteri hoc legatum dicebant nullum esse , quia ab initio voluntas testatoris incerta ; alteri anteponebant quem primus egerit ; illi priorem nominatum sustinuerunt verè institui , et posteriorem tantùm substituto similem , etc.... Has dissensiones divus Justinianus diremit , statuens disjunctionem per errorem adhibitam fuisse in loco conjunctionis ; et quamobrem jubet legatum inter legatarios æquis partibus dividi. ( Leg 4 , Cod. *de verb. signif.* ) — Quòd si testator legato citato addidit hæc verba , *ut volet meus heres* , error defuncti non jam cogitandus est , et legatum totum debetur uni ex duobus , secundùm electionem mei heredis. (Leg. 16, ff *de leg. 2.* )

## SECTIO II.

### De conjunctâ obligatione.

In conjunctâ obligatione vel pro ratâ plures existunt simul debitores aut creditores , sed stipulatio dividitur partim , id est, in viriles partes. Tot sunt credita vel debita varia , quot sunt creditores aut debitores ; et partes debentur à singulis debitoribus vel singulis solvuntur creditoribus. Indè , pars creditoris deficientis reliquis non accrescit ; — uno debitorum non solvente cæteri debitores non sunt participes hujus inopiæ ; — litis contestatio cum altero debitorum alteris nullo modo nocet , etc... — Hujus divisionis est præcipuè exemplum eminens quod sequitur : si creditor vel debitor , pluribus heredibus relictis , decesserit , obligationes scilicet nomina vel debita inter eos jure dividuntur , exceptis illis , quæ divisionem non recipiunt. — Cæterùm parvi refert utrùm contrahentes plures fuerint ab initio , an in tempore posteriore.

## SECTIO III.

### *De correali obligatione.*

Obligatio correalis est, cùm plures sunt alicujus debiti vel crediti participes in solidum, scilicet qui ita tenentur ut singulis vel à singulis præstari debeat totum quod in obligationem deductum fuit, sed semel tantùm. Si plures sunt correi debendi, obligatio appellatur *correalis passiva :* et si plures sunt correi credendi, *correalis activa.* — Videndum est : 1° quarum obligationum duo rei esse possint ; 2° quibus modis plurium reorum obligatio constituitur in stipulationibus ; 5° de vi et effectu plurium reorum obligationis ; 4° de exstinctione obligationum correalium et in solidum.

### § I.

### *Quarum obligationum duo rei esse possint.*

Duo pluresve rei fieri possunt non solùm in stipulationibus sed etiam in cæteris contractibus, sic in emptione, locatione, deposito, commodato, testamento, etc.... ( Pompon. *de duob. reis constit.*, ff leg. 9. ) — In stipulationibus prætoriis veluti in stipulationibus conventionalibus duo rei fieri possunt ( l. 14, ff *de duob. reis constit.* ) ; item in obligationibus quæ in dando vel faciendo consistunt, « ..... Sicuti si ab eodem fabro, duo rei stipulandi easdem operas stipulentur ; et ex contrario duo fabri ejusdem peritiæ easdem operas promittere intelliguntur, et duo rei promittendi fieri. » ( l. 5, ff *de duob. reis const.* )

In Jure Romano duæ sunt obligationum in totum species, quæ sæpissimè non discernuntur, quia plures effectus habent communes ; scilicet obligationes *purè correales*, et obligationes *propriè in solidum.*

(*a*) *De obligationibus purè correalibus :* obligatio correalis continet plures creditores debitoresve ; sed semper exstat una et summa, modò objectivè, id est, in obligatione ipsâ, modò in formâ stipulationis externâ. Omnes eventus, qui ad ipsam obligationis præstationem spectant, vinculum juris erga cunctos temperant, etsi essent facta unius correorum : « Ex duobus reis ejusdem Stichi promittendi factis, alterius factum alteri quoque nocet. » ( Leg. 18, ff *de duob. reis constit.* ) — Interruptio quoque præscriptionis ab uno creditorum, omnibus creditoribus utilis est.

Quia una esse debet obligatio, non correi intelliguntur, si impar est causa stipulationis, veluti si alter culpas omnes et alter dolum tantùm præstat ( leg. 9, § 1, ff *de duob. reis const.* ). Sed rectè modus obligationis impar esse potest; sic, si alter in diem vel sub conditione debeat, alter purè ( Inst. lib. III, tit. 6, § 2 ); sic, si uni ex creditoribus debitoribusve, et non omnibus, adjunctus fuerit inter creditores *adstipulator*, et inter debitores *sponsor fidepromissorve.* — Quia multiplex est subjectivè obligatio, speciale uni debitorum creditorumve factum non mutabit juris vincula, quibus cæteri adstringuntur ( leg. 9, § 2, ff *de duob. reis constit.* ) : sic, alter correus, qui in morâ est, solus pœnam moræ accipiet; sic, correus, qui alterius correi heres est, confusione coget in caput suum partes obligationis et suas et proprias auctoris ( leg. 15, ff *de duob. reis constit.* ).

( *b* ) *De obligationibus in solidum.* Obligatio in solidum tot continet obligationes objectivas, quot sunt correi; sed quia eadem res in his omnibus debetur, si altera ex iis obligationibus soluta fuerit, reliquæ peribunt. — Cæterò nullo eventu, nisi solutione rei, exstinguentur vel etiam mutabuntur omnes hæ variæ obligationes, quod ità non est in obligationibus correalibus, veluti jam vidimus : verbi gratià, litis contestatio cum uno creditore vel debitore jus obligationis correalis absumit, sed non jus obligationis in solidum. — In solidum obligationes dicuntur, eæ quæ contrahuntur à sociis delicti ( leg. 1, § 4, ff lib. 2, tit 10 ), à cotutoribus vel magistratibus qui communem habent administrationem ( leg. 45, ff lib. 26, tit. 7 ), vel ab incolis ejusdem cubiculi propter actionem de effusis et dejectis, etc. — Nil de his ampliùs dicemus, quia passim cætera advertentur.

## § II.

*Quibus modis plurium reorum obligatio constituitur in stipulationibus.*

Duæ sunt hujus quæstionis species : videndum quomodò plures stipulantur vel promittunt.

1° Primùm de duobus pluribusve *reis stipulandi* tractandum est : ad duos pluresve reos stipulandi constituendos necesse est, ut uterque stipulatus fuerit utiliter, et ut singuli creditores eamdem rem in solidum stipulentur ( leg. 15, Gaius, ff *de duob. reis const.* ). Nisi adjectum fuerit nominatìm duos esse reos stipulandi, quisque pro parte suâ stipulari censebitur ( leg. 11, ff *de duob. reis const.*). — Stipulatio duorum pluriumve reorum stipulandi sic agitur. Omnes stipulatores dicunt promittenti : « *Dare spondes.....;* » si post omnium interrogationem ille responderit : « *Spondeo,* » vel « *utrique vestrûm dare spondeo,* » constituuntur duo pluresve rei stipulandi : nam si primùm alteri creditori debitor responderit, deindè altero interrogante spondeat, non videbuntur correi esse stipulandi : sed alia atque alia erit obligatio.

2° Ad duos pluresve *reos promittendi* constituendos oportet, ut singuli utiliter promittant eamdem rem et singuli in solidum. — Si quis reorum utiliter promisit, altero non promittente vel inutiliter, in totum tamen primus promissor obligabitur ( leg. 8, ff *de duob. reis constit.* ); « nam sub conditione interrogatio in utriusque personâ non fit ut ità demùm obligetur, si alter quoque responderit. » ( Leg. 6, ff *de duob. reis const.* ) — Si eadem res non promittatur, non correalis est plurium debitorum stipulatio; — item

si conventioni non fuerit adjectum singulos in solidum spopon-
disse. In dubio enim partes viriles à singulis solùm debebuntur.

Duo pluresve rei promittendi sunt, si his interrogationibus,
« *Lucius, equum Bucephalum dare spondes? Titius, eum-
dem equum dare spondes?* » Lucius et Titius respondent singuli separatim: «*spondeo.*» — Idem est, si interrogati his verbis,
scilicet « *dare spondetis?* » respondent : « *spondemus* ». —
Parvi refert utrùm interrogati per pluralem numerum respon-
derint per singularem, an vice versâ ( leg. 4, ff *de duob. reis
const.*). — Si ex duobus promittentibus, hodiè alter, alter pos-
terâ die responderit, non sunt illi duo rei (leg. 12; ff *de duob.
reis const.*). Tamen modicum intervallum temporis, vel mo-
dicus actus sicuti fidejussio quæ contraria obligationi non
sit, nihil impedit quominùs duo rei constituantur ( leg. 6,
§ 3, ff *id.*). — Jam diximus duos reos promittendi, alium
in die vel sub conditione, alium purè obligari posse. Diversa
dies seu nominatim, seu tacitè constituitur; sic, « si duo rei
ex diversis locis orti promiserunt pecuniam Capuæ dare, ex
personâ cujusque ratio temporis habebitur. »

## § III.

*De vi et effectu plurium reorum obligationis.*

Si duo pluresve eosdem nummos vel promiserint, vel
stipulati sint, singuli in solidum debent, aut singulis debetur
solidum. Etenim in utràque obligatione una solùm res debetur, et si alter creditor eam accepit vel si alter solvit debitor,
obligatio omnium exstinguetur. Idcircò unus creditorum solidum petere potest, et quilibet debitor solidum debet præstare
( leg. 2, *de duob. reis const.*). — Debitor potest alterutri ex
correis credendi solvere, quem volet; sed si unus ex duobus
reis stipulandi egerit, promissor offerre pecuniam alteri nequit (leg. 16, *id.*). — Si nolimus petere omnem rem ab ali-

quo, partes à singulis debitoribus peti posse nequaquàm dubium est ( leg. 3, § 1, *id.* ).

Correis debendi divisionis beneficium, id est, privilegium creditorem compellendi, ut à cæteris debitoribus partem petat, non conceditur. Per exceptionem imperator Hadrianus hoc concessit fidejussoribus. Deindè illud divisionis beneficium tributum fuit mandatoribus, cotutoribus et magistratibus (Gaius 111, § 121-122). — A plurimis doctoribus affirmatur, beneficium divisionis novellâ 99 Justiniani (cap. 1.) omnibus debendi correis concessum fuisse. Non ità censemus, et dicimus beneficium novellæ non esse propriè beneficium divisionis divi Hadriani; nam sinit tantummodò Justinianus ab uno ex correis debendi, quorum singulorum *pariter* pecunia debita interest, in litem vocari cæteros debitores, ut inter eos, qui idonei sunt, judex solutionem dividat.

## § IV.

*De exstinctione obligationum correalium et in solidum.*

Solutio facta ab uno debitorum vel uni creditori omnes liberat, seu in correalibus, seu in obligationibus in solidum. — Codebitor obligationis in solidum, qui solvit, exigere potest ab alteris eorum partes in debito, quia solvendo eorum negotia gessit : etenim tot erant obligationes alternativæ quot debitores, et alterius solutio has omnes exstinxit. — Correali autem debitori, qui solvit, negata est actio in cæteros, quia obligatione unicâ exstante, sua et non cæterorum negotia solvendo fecit : attamen recursus ei competet, si obligatio ipsa contracta fuit propter mandatum vel negotia gesta, vel propter fidejussionem, vel adhuc propter societatem. — In iisdem casibus unus ex correis stipulandi, qui solutionem accepit, erga cæteros reddendæ rationis obnoxius est.

Nunc videndi sunt quidam modi exstinctionis proprii correalibus obligationibus. — Unus debitorum, cui pecunia petitur, compensationem ex se ipso venientem opponere creditori potest, et sic tota peribit obligatio ; vice versâ, debitor uni ex creditoribus validè objiciet compensationem, et liberabitur erga cunctos creditores. — Quid si unus correorum credendi agit in debitorem, qui cum altero creditore compensationis causam habet? Correus credendi, nisi socius sit, non patietur hanc compensationem. — Quid autem si unus correorum debendi repellere tentat creditorem compensatione alteri debitori propriâ ? In uno casu tantùm validè opponetur, videlicet, si ille correus debendi socius est correi debendi ex quo illa nascitur.

Correalis obligatio perit novatione, quæ fit inter debitorem et unum ex correis credendi, vel inter creditorem et unum ex correis debendi (l. 31, § 1, ff 46, 2). — Quid de litiscontestatione vel judiciali novatione? Obligatio correalis, quia una et summa est, si deducitur in judicium, erga omnes exstinguitur correos sive credendi, sive debendi : et hoc jus valet vel *ipso jure*, vel *exceptionis ope*, prout actio fuerit legitimum judicium vel judicium imperio continens. Justinianus, hanc decisionem non omninò recipiens statuit (l. 28, cod. 8, 41): Litiscontestationem cum uno correorum debendi non absumere jus cæterorum correorum; sed semper admittit litiscontestatione unius correorum credendi cum debitore perimi totam obligationem. — Erga obligationes in solidum nil efficiet litiscontestatio, quia, tot exstantibus alternativis obligationibus quot personis, solutio tantùm alterius cunctas exstinguet.

Capitis diminutio, restitutio in integrum, confusio, tandem omnia, quæ uni correorum solummodò pertinent, eum quidem liberant ; sed ex his cæterorum personæ ab obligatione non eximuntur (leg. 19, *de duob. reis const.*). — *Pactum de non petendo* vel in personam, vel in rem esse potest : pacto in personam uti nequeunt cæteri correi debendi, etiam socii, quia favor personalis esset. Pactum autem in rem opponetur creditori à cæteris correis debendi, si socii sint. — Quòd si unus correorum credendi concessit debitori pactum de non petendo, ille debitor erga cæteros creditores non liberabitur, sive pactum sit in rem aut in personam, et sive correi credendi sint socii vel non. ( L. 93, ff proœm. lib. 46, tit. 5.)

Liberatio contingit in solidum, si unus ex pluribus stipulandi reis acceptum fecerit debitum, id est, debitor liberatur erga omnes acceptilatione unius creditorum. ( Leg. **2**, *de duob. reis const.*)

Factum unius ex pluribus reis stipulandi meliorem sæpè faciet debiti causam : sic, interruptio præscriptionis ex uno creditorum, vel agnitio debitoris facta apud unum creditorem, vel constitutio debitoris in morà ab altero creditore omnibus prodest creditoribus.

# DROIT FRANÇAIS.

( Code civil, liv. iii , tit. iii , art. 1189 à 1226. )

Dans cette seconde partie de notre travail , nous adopterons absolument la même division que nous nous étions déjà tracée pour l'étude des textes du Droit Romain. Trois chapitres contiendront l'analyse succincte des principes du Code sur ces matières si importantes et en même temps si *abstruses*, pour nous servir du terme même par lequel Toullier les caractérisait

## CHAPITRE PREMIER.

### DES DIFFÉRENTS EFFETS QUE PRODUISENT LES CONVENTIONS , EU ÉGARD A LA NATURE DE LEUR OBJET.

Nous aurons à examiner d'abord quelles prestations peuvent être l'objet de l'obligation ; ensuite quelle est l'influence de la nature de la prestation à accomplir sur l'obligation.

### I. — De l'objet de l'obligation.

Toute obligation exige un objet, c'est-à-dire une prestation que l'une des parties doit acquitter. Cet objet peut consister dans une chose qu'une partie s'oblige à donner, ou dans un fait qu'elle s'engage à exécuter ou dont elle promet de s'abstenir (1126). Non-seulement la propriété, mais encore le simple usage ou la simple possession d'une chose peuvent être l'objet de l'obligation (1127). Il importe peu que la chose existe ou n'existe pas au moment de l'obligation, pourvu que son existence soit possible : on peut, en effet, promettre des choses futures (1130). Toutefois ce principe souffre quelques exceptions : c'est ainsi que tous pactes et conventions sur une succession future, faits même avec le consentement de celui de la succession duquel il s'agit, sont prohibés par la loi (1130, 2°) : c'est ainsi encore que la vente des blés en herbe ou des grains en vert est défendue par la loi du 6 messidor an III, art. 1er, etc....

Pour pouvoir être l'objet d'une obligation, la prestation promise doit être possible, déterminée, utile au créancier et dans le commerce.

Toute obligation qui a pour objet une prestation *impossible*, doit être considérée comme inexistante. — L'impossibilité, qui s'oppose à l'exécution de l'obligation, peut être de deux natures, ou physique, ou morale. Dans la dernière classe on doit ranger tout ce qui est contraire aux bonnes mœurs et à l'ordre public ou prohibé par la loi (1172-1133). — Il peut y avoir doute souvent pour savoir si une prestation, qui n'a pas été nominativement prohibée par la loi, est contraire à l'ordre public. En pareil cas, l'appréciation du juge est souveraine, et les décisions qu'il rend sont inattaquables par voie de recours en cassation. (Cass., 18 juin 1828.)

L'objet de l'obligation doit encore être *déterminé*. On considère comme suffisamment déterminée, non-seulement la chose qui l'est par son individualité, mais encore celle qui l'est par son espèce (1129, 1°). — Il n'est pas indispensable que l'objet soit actuellement déterminé quant à sa quotité ou à sa quantité, pourvu que cette quotité ou cette quantité puisse être facilement fixée par le juge (1129, 2°).

Il faut encore que l'objet stipulé ait une *utilité* réelle pour le créancier, sans quoi celui-ci ne pourrait poursuivre en justice l'exécution forcée de la promesse qui lui a été faite. Il serait, en effet, impossible, au cas d'inexécution de l'obligation de la part du débiteur, d'évaluer les dommages-intérêts dûs au créancier.

Enfin, il n'y a que les choses qui sont *dans le commerce* qui puissent être l'objet des conventions (1128). On doit considérer comme hors du commerce toutes les choses qui ne sont pas susceptibles d'une propriété privée : ainsi toutes celles que les Romains désignaient sous le nom de communes, l'air, la mer, les eaux courantes, etc... ( 714 C. civ. ); ainsi toutes les choses consacrées à des usages publics, les routes, rues, etc... (538). — Il est encore des choses, qui, étant dans le commerce d'une manière générale, ne peuvent cependant être stipulées par certaines personnes. Les lois françaises nous fournissent quelques exemples de ces prohibitions, *verbi gratiâ*, le tuteur ne peut acheter les biens de son pupille (450), etc...

### II. — Influence de la nature de la prestation à accomplir sur l'obligation.

La nature de la prestation à accomplir exerce une grande influence sur les effets de l'obligation, qui varient suivant qu'il s'agit, tantôt de l'exécution d'un fait ou d'une pure abstention, tantôt d'un objet qui est ou n'est pas susceptible de division. Examinons successivement ces diverses hypothèses.

## § I.

### *Des obligations positives et négatives.*

Eu égard à la nature de leur objet, les obligations sont positives ou négatives. — L'obligation est *positive* lorsqu'elle a pour objet la prestation d'une chose ou l'exécution d'un fait. — L'obligation est *négative* lorsqu'elle a pour objet l'abstention d'un fait.

(*a*) L'obligation *positive* est elle-même de deux natures ; si elle a pour but une transmission de propriété ou la délivrance d'une chose, elle prend le nom d'obligation de *donner*. S'il s'agit de la prestation d'un fait, fruit du travail ou de l'industrie, elle est dite obligation de *faire*.

1° *Obligation de donner.* — L'obligation de donner impose au débiteur la nécessité de délivrer une chose, qui est ou certaine et déterminée dans son individualité, ou seulement déterminée d'une manière abstraite par son espèce (1129, 1°). — En quel lieu, en quel temps et comment doit s'opérer la délivrance de la chose promise, en un mot, de quelle manière s'effectue le payement, c'est ce que nous n'avons pas à examiner ici. — A côté de l'obligation principale de délivrer l'objet, il faut ranger l'obligation accessoire de le conserver. Le débiteur doit en effet veiller en bon père de famille à la conservation de la chose jusqu'à la livraison, à peine de dommages intérêts envers le créancier (1136-1137). Nous ne dirons rien de l'étendue de cette responsabilité, ni du système de la loi française sur la prestation des fautes, matières qui sortent de notre cadre et doivent plutôt trouver leur place dans les théories de l'extinction des obligations, et surtout dans l'étude des divers contrats pris en particulier (1137, 2°). — Mais il importe d'examiner rapidement la nature du droit que confère au créancier l'obligation de donner, et les voies qui lui sont ouvertes pour contraindre le débiteur à l'exécution. — Dans le Droit Romain, les obligations ne conféraient qu'un droit à la chose et non pas un droit réel, *jus ad rem et non jus in re*. Pour que la propriété de l'objet stipulé fût transférée d'une manière complète au créancier, il fallait, de plus, un fait dévestitif émanant du débiteur, à savoir, la tradition (leg. **20**, cod. *de pactis*). Nous ne dirons pas comment ce principe avait été généralement admis en France, et comment, pour amoindrir les effets de ce matérialisme du Droit, on insérait dans certains contrats, par exemple, dans le contrat de vente, une clause dite *de constitut*, par suite de laquelle le vendeur était censé ne détenir la chose que pour le compte de l'acheteur. — Dans la législation intermédiaire (*c'est-à-dire sous la loi du 11 brumaire an* VII *sur le régime hypothécaire*), la propriété des immeubles n'était point transférée par le seul effet de l'obligation, mais seulement par la transcription du contrat sur le registre du conservateur des hypothèques. Le Code civil veut modifier cet état de choses : il proclama qu'en matière mobilière le consentement opère la translation de propriété toutes les fois que l'objet de l'obligation est certain et déterminé, sauf à tenir compte de l'application de cet axiome, qu'en fait de meubles possession vaut titre ( **1141**, **2279** ). En matière immobilière le seul consentement des parties suffit aussi à transférer la propriété de l'objet tant à l'égard des contractants qu'à l'égard des tiers. Ce n'est pas ici le lieu de faire l'histoire de ce grand principe et d'expliquer par quel enfantement laborieux le législateur y est arrivé : il importait seulement de l'énoncer pour établir que toute obligation de donner un corps *certain* a pour effet d'investir le créancier d'un droit réel, *jus in re*. Quand donc le débiteur refuse d'opérer la livraison de l'objet dû, le créancier peut se faire autoriser à se mettre en possession de la chose *manu militari*, si elle est déterminée dans son individualité. Si elle n'est déterminée seulement que par son espèce, le créancier pourra être autorisé à se la procurer aux dépens du débiteur.

Le débiteur de l'obligation de donner un corps certain est libéré, si ce corps vient à périr sans sa faute et avant qu'il fût en demeure (1302); c'est ce qu'on exprime ordinairement par ces mots « *debitor certi corporis liberatur interitu rei.* » Ce résultat est parfaitement rationnel, puisque, par l'effet de la convention, la chose due est censée être devenue la propriété du créancier, dès que le consentement est intervenu. Si donc la chose périt, elle périt pour le compte du propriétaire, c'est-à-dire du créancier, « *res perit domino.* » — Mais, lorsque l'obligation de donner a pour objet un corps déterminé seulement par son espèce, la chose périt pour le compte du débiteur, parce qu'on ne peut pas dire que la convention ait eu pour effet de rendre le créancier propriétaire de toutes les choses de l'espèce (711). La propriété de la chose n'ayant pas été fixée sur la tête du créancier, la chose ne peut périr pour son compte, et le débiteur lui devra une chose de l'espèce tant que l'espèce subsistera : c'est là le sens de la maxime « *genus nunquàm perit.* »

Si l'obligation de donner a pour objet une chose qui n'est déterminée que par son espèce, toutes les individualités qui rentrent dans la même espèce sont *in facultate solutionis :* le choix de la chose appartient toujours au débiteur, sauf convention contraire formellement exprimée (1162-1190). Toutefois, si celui-ci n'est pas tenu de donner ce qu'il y a de meilleur, il ne pourrait, d'un autre côté, se libérer en offrant au créancier ce qu'il y a de pire (1246). — Tels sont les principaux effets de l'obligation de donner, sur laquelle nous ne pourrions pas nous étendre plus longtemps sans empiéter sur le domaine de la vente, comme l'indique le Code lui-même (art. 1140).

2° *Obligation de faire.* — L'obligation de faire consiste dans l'engagement que prend le débiteur d'accomplir un fait quelconque. Par respect pour la liberté humaine, le débiteur de l'obligation de faire ne peut être personnellement tenu d'accomplir son obligation, qui, en cas d'inexécution, se résout en dommages-intérêts (1142). C'est ce qu'on exprime vulgairement par cette maxime célèbre, « *nemo cogi potest ad faciendum*, » dont il importe de bien saisir le sens. On a voulu dire par là, non-seulement que nul ne peut être directement forcé de faire, vérité qui n'avait pas besoin d'être formulée ; mais encore qu'indirectement le juge ne peut forcer à l'exécution par la prononciation de condamnations pécuniaires (1149), ou de la contrainte par corps, sauf les cas exceptés par le législateur (2063 et suiv.). — Certains auteurs regardent l'obligation de faire comme une obligation alternative ; quelques-uns, transportant dans le domaine du Droit Français les principes du Droit Romain, ont voulu considérer l'obligation de faire comme purement facultative. Les premiers affirment qu'il y a, dans l'obligation de faire, une double prestation, l'exécution du fait et les dommages-intérêts en cas d'inexécution : ils mettent ces deux objets de l'obligation sur une même ligne, et par application des principes généraux, décident que le débiteur a le choix de la prestation qu'il préférera accomplir. Les seconds vont encore plus loin ; ils envisagent les dommages-intérêts comme étant seuls *in obligatione*, et la prestation du fait comme purement accessoire ( *in facultate solutionis tantùm* ). Ces doctrines nous paraissent complétement erronées, et nous croyons qu'il faut considérer le payement des dommages-intérêts, comme la prestation accessoire payée à défaut de prestation principale, comme la compensation du défaut d'exécution, et nullement comme l'exécution même de l'obligation.

Les dommages-intérêts sont la réparation du préjudice que supporte le créancier par suite de l'inexécution du fait ; mais cette réparation est presque toujours fort incomplète. Aussi la loi a-t-elle dû armer le créancier, dans certains cas, d'un droit encore plus large. Si le fait est de nature à pouvoir être réalisé par un autre que le débiteur, le créancier peut, en cas d'inexécution, être autorisé à faire exécuter l'obligation aux dépens du débiteur (1144), sans préjudice de tous dommages-intérêts encourus pour le retard dans l'accomplissement de la prestation.

(b) L'obligation *négative* impose au débiteur la nécessité de s'abstenir d'un fait ; en d'autres termes, on appelle obligation négative l'obligation de *ne pas faire*. Il existe entre celle-ci et l'obligation de faire, de très-nombreuses similitudes, et un parallélisme presque complet : aussi avons-nous très-peu de chose à ajouter à nos explications précédentes. L'inexécution de l'obligation de ne pas faire se résout en dommages-intérêts, car ici, pas plus que dans l'obligation de faire, on ne peut matériellement forcer la liberté humaine à s'abstenir d'un fait. Les dommages-intérêts demandés par le créancier, doivent être la représentation exacte du préjudice qui lui est causé par la contravention à l'obligation ; ils sont de la perte que le créancier a faite, et du gain dont il a été privé (1149); *compensatio lucri cessantis, damni emergentis*. Du reste, on ne doit considérer pour l'évaluation du gain dont le créancier a été privé, ou des pertes qu'il a éprouvées, que ce qui est une suite immédiate et directe de l'inexécution de la convention (1151). Enfin, le débiteur ne doit que les dommages-intérêts qui ont été prévus ou que l'on pouvait raisonnablement prévoir à l'époque de l'obligation. Il n'est pas responsable de tous les gains que le créancier aurait pu faire par suite d'un concours inespéré de circonstances, et dont il a été réellement privé par le fait de l'inexécution de l'obligation, ni de toutes les pertes que cette même inexécution lui a causées par le fait du hasard. Toutefois, s'il y avait eu dol de sa part, le débiteur serait tenu même de ces dommages exceptionnels (1150). A propos des dommages-intérêts, de leur quotité, des cas dans lesquels ils sont dus, naissent mille questions diverses que nous négligeons à regret, mais dans le détail desquelles nous ne pouvons entrer, parce qu'elles se rattachent plus particulièrement aux théories du payement. — Si le débiteur a contrevenu à l'obligation de ne pas faire, le créancier a le droit de demander que ce qui a été fait par contravention soit détruit, si la chose est possible. Il peut même se faire autoriser à le détruire aux dépens du débiteur, sans préjudice de tous autres dommages-intérêts à demander, s'il y a lieu (1143). — Le juge pourrait-il refuser au créancier cette autorisation ?

<h2 style="text-align:center">§ II.</h2>

*Des obligations divisibles et indivisibles.*

Nous devons rechercher dans quels cas une obligation, à raison de la nature de la prestation qui en fait l'objet, peut ou non être fractionnée dans son exécution. Il est inutile de dire que ces règles de division et d'indivision ne s'appliquent nullement aux obligations *uniques*. En effet, toute obligation où il n'y a qu'un seul débiteur et qu'un seul créancier, s'exécute entre eux comme si elle était indivisible, alors même qu'elle serait susceptible de division (1220, 1°). La théorie de la divisibilité et de l'indivisibilité ne reçoit son application que pour les obligations *multiples* dès l'origine (1220, 1244), ou pour celles qui, uniques primitivement, sont devenues multiples, parce que le créancier ou le débiteur a laissé en mourant plusieurs héritiers. (1220, 1222, 1225).

Qu'est-ce que l'indivisibilité ? Avant le code, on avait déjà beaucoup écrit sur cette matière : Dumoulin, Duaren, Pothier avaient publié leurs savants traités. « Nous voyons, dit M. Hello, la doctrine des obligations indivisibles jaillir de la tête de Dumoulin, avec l'exubérance d'une conception originale ; deux cents ans plus tard, l'analyse de Pothier en élaguer le luxe, ouvrir des clairières, percer des avenues dans cette forêt primitive ; enfin, le Code civil la recevoir ainsi dégrossie et réduite, de Pothier lui-même, pour la concentrer à son tour dans la formule législative. L'in-folio de Dumoulin tient dans neuf articles du Code, et nous pouvons ainsi mesurer tout ce que la vérité, dans son expression la plus simple, a coûté d'efforts à l'intelligence humaine. » Mais si simples et si concis que soient les textes du Code, dirons-nous, ils ne laissent pas que de donner matière à une foule de difficultés : ils ont suscité entre les divers auteurs de nombreuses controverses, et sont encore une des parties les plus épineuses de notre Droit.

L'obligation est divisible ou indivisible suivant qu'elle est ou non susceptible d'être divisée. Rien de plus simple en apparence que cette définition, qui mérite toutefois d'être approfondie. Il faut, en effet, examiner deux points principaux; d'abord, dans lequel des éléments de l'obligation on doit rechercher la possibilité de la division; ensuite de quelle division il s'agit ici.

1° On doit rechercher la possibilité de la division, non pas dans les liens des débiteurs et des créanciers, mais uniquement dans la prestation : la divisibilité tient à l'objet seulement.

2° De quelle division s'agit-il ici ? Dans le langage vulgaire on entend par division le fractionnement matériel que peut subir un objet; et à ce point de vue on dit qu'un champ, qu'un fruit est divisible. Dans le langage juridique, le mot *division* a un sens encore plus large. On regarde comme divisibles non-seulement les choses susceptibles d'une division matérielle, mais encore toutes celles qui sont susceptibles d'une division purement intellectuelle. C'est ainsi qu'en pratique on ne peut diviser un cheval, tandis que juridiquement l'obligation de le livrer n'est pas une obligation indivisible de sa nature. On peut, en effet, très-raisonnablement supposer que plusieurs héritiers sont copropriétaires d'un cheval, chacun pour une moitié, pour un tiers, etc... Un cheval est donc métaphysiquement divisible, puisqu'il peut se partager en parties aliquotes. Pour être indivisible dans le sens de la loi, la chose ne doit être divisible ni matériellement (*in partes quantas*), ni intellectuellement (*in partes quotas*). Dumoulin distinguait trois sortes d'indivisibilité, l'indivisibilité *naturâ* ou *contractu;* l'indivisibilité *obligatione;* l'indivisibilité *solutione.*

L'indivisibilité *naturâ* ou *contractu*, appelée avec plus de raison par Pothier indivisibilité absolue, existe lorsqu'une chose est par sa nature non susceptible de parties, tellement qu'elle ne peut être stipulée ou promise pour partie soit matériellement soit intellectuellement. Il semble en apparence qu'il n'est pas de prestation, qui ne soit susceptible au moins d'une division intellectuelle. Cependant on peut citer d'assez nombreux exemples d'objets indivisibles même à ce point de vue; ainsi les servitudes d'appui, de passage; il est impossible, en effet, de concevoir des parties dans ces divers droits; on ne peut appuyer, passer au quart, au tiers, etc... (Pothier n° 292) : ainsi encore certaines obligations de faire ou de ne pas faire, comme d'aller ou de ne pas aller à Paris, parce qu'une impossibilité physique s'oppose à la division de ce fait affirmatif ou négatif. Du reste, toutes les obligations de faire ou de ne pas faire ne sont pas indivisibles : elles sont au contraire divisibles toutes les fois que le fait que l'on a promis d'accomplir ou d'omettre, peut être réalisé ou omis pour partie. Cette première espèce d'indivisibilité correspond à celle de l'art. 1217.

L'*individuum obligatione* de Dumoulin résulte d'une convention qui a pour objet une chose divisible de sa nature, mais qui, considérée *sous le respect sous lequel elle fait l'objet de l'obligation*, n'est pas susceptible de parties : ainsi l'obligation de construire une maison, un navire, etc.... Évidemment rien n'empêche de faire le cinquième, le quart d'une maison; la construction envisagée en elle-même et abstraction faite de tout autre rapport d'obligation est un fait divisible : mais en réalité on considère bien moins le fait de la construction que le résultat final. C'est ce qu'explique très-bien Dumoulin : « *simplex enim fabricatio et operatio tran-*

*siens non debetur, sed opus effectum cujus pars non est,*
etc.... » Telle est encore l'obligation de livrer un terrain,
s'il est destiné à un usage quelconque, qui exige la totalité
de ce terrain. (1218 C. Civ.)

Enfin Dumoulin reconnaissait une troisième espèce d'indivisibilité, l'indivisibilité *pour le payement.* Elle a lieu
lorsque l'exécution par parties d'une obligation d'ailleurs
divisible léserait l'équité et pourrait mettre obstacle au résultat que les parties se sont proposé d'obtenir. — On s'est
demandé si cette indivisibilité *solutione*, indiquée dans
l'art. 1221, était à proprement parler une troisième espèce
d'indivisibilité. Certains auteurs blâment cette division de
Dumoulin, et leurs critiques nous paraissent bien fondées.
En effet, ces obligations ont pour objet des choses divisibles, et si le payement ne peut en être partiellement effec-
tué, ce n'est pas par suite d'une impossibilité inhérente à la
prestation, mais parce que l'exécution partielle préjudicie-
rait aux droits du créancier fondés sur l'intention expresse
ou présumée des contractants. En deux mots, dans l'indivisibilité *natura*, il y a impossibilité de scinder la prestation ; dans l'obligation indivisible *obligatione*, dès que les
parties ont déterminé le rapport sous lequel la prestation à
accomplir forme l'objet de l'obligation, il y a une indivisibilité si absolue, que les contractants ne pourraient, sans
changer totalement la nature de l'obligation, convenir d'un
payement partiel. Au contraire, dans l'obligation indivisible
*solutione*, la prestation est de sa nature divisible, et le demeure à l'égard sinon des débiteurs, du moins des créanciers, qui peuvent, quand il leur plaît, renoncer à ce bénéfice d'indivisibilité résultant de leur volonté expresse ou
présumée. Donc, tout en ne se confondant pas avec l'une des
deux premières classes d'indivisibilité, comme le voudraient
certains auteurs, et notamment Toullier, ce troisième cas
n'est pas une nouvelle espèce d'indivisibilité ; c'est une simple exception à la règle de la divisibilité. Nous ne nous éten-

dons pas davantage sur ce sujet, dont l'explication sera plus complétement donnée à propos de l'art. 1221. — Etudions d'abord les effets de la divisibilité, ensuite les effets de l'indivisibilité, enfin les règles de certaines obligations que la loi reconnait comme divisibles, et qui cependant produisent les effets des obligations indivisibles.

I. — Effets de la divisibilité.

Lorsque l'obligation est divisible, elle se divise activement ou passivement en autant de personnes qu'il y a de créanciers ou de débiteurs (1220 *in fine*). Quelles sont les conséquences de ce principe? c'est ce qu'il importe d'examiner à un double point de vue, à savoir, pour les rapports entre débiteurs et créanciers réciproquement, et pour les rapports entre débiteurs ou entre créanciers séparément.

*Rapports entre créanciers et débiteurs réciproquement.* — Chaque créancier ne peut demander à chaque débiteur que sa part, et réciproquement le débiteur n'est tenu de payer que la part de la dette qui lui est afférente (art. 1220, 870, 871). — *Quid* si l'obligation des débiteurs est alternative, ainsi s'ils doivent un hectare de terre ou deux mille francs? Il faut distinguer si le choix appartient aux débiteurs ou au créancier. Dans le cas où les débiteurs ont le choix de la prestation, ils doivent s'entendre entre eux pour livrer chacun une part de la même chose : que si le créancier avait le choix, il ne peut demander à chacun qu'une part de la même chose.

*Rapports entre créanciers ou débiteurs séparément.* — Les dettes et créances divisibles existent indépendamment les unes des autres. De là on doit induire que l'insolvabilité d'un ou de plusieurs des débiteurs retombe non sur les autres débiteurs, mais uniquement sur le créancier. — La prescription n'est interrompue ou suspendue qu'en faveur du créancier du chef duquel provient cette interruption ou suspension : ainsi elle serait suspendue à l'égard des créanciers mineurs et non à l'égard des créanciers majeurs. — Le créancier, qui interrompt la prescription à l'égard de l'un des débiteurs, ne l'interrompt pas par ce fait à l'égard des autres (2249, 2°).

Si l'obligation est inexécutée par la faute de tous les débiteurs, chacun en est responsable, mais à concurrence de sa part seulement. — Si la faute de quelques débiteurs seulement a empêché l'exécution de l'obligation, le créancier n'aura pas d'action à exercer contre les débiteurs qui ne sont pas en faute, parce que l'obligation de ceux-ci a été éteinte en vertu de ce principe « *debitor certi corporis liberatur.....;* » mais les auteurs de la faute seront tenus chacun solidairement, et de leur part, et de celle des codébiteurs qui n'étaient pas en faute, puisque c'est par leur fait que ces débiteurs n'ont pu accomplir la prestation ; « *tenentur in solidum, nec enim pro parte diligentia præstari potest.* » Cependant si les débiteurs en faute avaient chacun par un fait particulier perdu différentes parties de la chose due, chacun d'eux ne serait tenu que de la perte de cette partie. ( Pothier, n° 506. )

*Quid* si la chose vient à périr et qu'une peine eût été stipulée pour le cas où la chose ne pourrait être prestée ? — Si la clause pénale n'a pas été formellement exprimée, et qu'on ait seulement stipulé, *à peine de tous dommages et intérêts*, les divers débiteurs ne seraient pas tenus de la faute de l'un d'eux. — Que si l'obligation divisible, contractée sous une clause pénale, a été en partie exécutée et en partie inexécutée, la peine n'est encourue que par ceux des débiteurs qui ont contrevenu à l'obligation, et pour la part seulement dont ils étaient tenus dans l'obligation principale, sans qu'il y ait d'action contre ceux qui l'ont exécutée ( 1255, 1°).

On s'est demandé si le fractionnement qui s'est opéré à la mort du créancier ou du débiteur cessera de produire ses effets et d'autoriser des payements partiels, si les diverses portions se sont ensuite réunies sur une seule tête ? Nous ne reviendrons pas sur cette question qui a déjà été résolue dans la partie latine de notre Thèse. — *Quid* si le survivant des cohéritiers a recueilli leurs successions sous bénéfice d'inventaire ? En ce cas ce cohéritier conservera le droit de payer la dette par fractions, parce que le bénéfice empêche la confusion des divers patrimoines et par conséquent met obstacle à la réunion des diverses parties de la dette. Il est tenu séparément et diversement de la portion de dette qu'il doit en son nom, et de celles qu'il doit solder comme héritier bénéficiaire. — *Quid* si l'un des cohéritiers a acquis par cession les droits et obligations de tous les autres ?

II. — Effets de l'indivisibilité.

Dans l'obligation indivisible, chacun des créanciers ou des débiteurs ne peut demander ou offrir une part ; mais chaque créancier ou débiteur a le *droit* de demander ou d'offrir le tout. Que si chaque contractant a ce droit, il ne faut pas en conclure que chaque créancier soit créancier du tout et que chaque débiteur soit débiteur du tout ; c'est ce qu'on exprime par cette formule générale que nous allons expliquer : l'obligation indivisible est contractée *in totum sed non totaliter*. — Chaque débiteur n'est pas obligé *totaliter*, c'est-à-dire, chaque débiteur ne doit pas le tout comme s'il était seul engagé envers le créancier ; mais il est obligé *in totum* parce que ce qu'il a promis ne peut pas s'exécuter en partie. — Chaque créancier ne l'est pas *totaliter*, c'est-à-dire ne l'est pas comme s'il était seul *dominus obligationis* : mais il a droit à l'exécution *in totum* parce que la prestation ne peut être scindée. En un mot, le droit d'exiger ou d'offrir le *totum* provient uniquement de l'impossibilité d'accomplir partiellement la prestation. Une double série de conséquences découle du principe que nous venons de poser.

1° L'obligation est *in totum* ; d'où, chaque codébiteur peut être poursuivi pour l'accomplissement entier de l'obligation ( 1222, 1225 ), et le payement fait par l'un d'eux libère tous les autres. — Chaque cocréancier peut demander l'accomplissement entier de l'obligation, et au moyen de cet accomplissement libère le débiteur (1224); le payement reçu par un des créanciers est censé reçu par tous les autres. — L'interruption de prescription résultant de poursuites faites contre l'un des débiteurs produit l'effet de conserver dans leur intégralité les droits du créancier contre tous (2249, 2°). — L'interruption ou suspension de prescription provenant du fait d'un créancier profite à tous les autres créanciers (Arg. des art. 709, 710, 1199); ainsi, dans l'obligation indivisible, la prescription qui ne court pas contre le mineur, aura profité aux majeurs. C'est ce qu'on exprimait jadis par ce brocard : « *Le mineur relève le majeur in indiciduis.* » — L'inexécution de l'obligation est en général imputable à tous les débiteurs, quand même ils ne sont pas tous en faute. — La remise, consentie par le créancier à un seul des codébiteurs, embrassant la totalité de la prestation indivisible, emporte extinction de l'obligation à l'égard de tous (1285). — L'indivisibilité de leur obligation fait regarder les codébiteurs d'une chose indivisible comme une seule et même personne; aussi le jugement rendu avec l'un d'eux est-il censé rendu avec tous les autres, sauf que ceux-ci, qui n'ont pas été parties dans l'instance, peuvent se pourvoir, ou par la voie de l'appel, ou par la voie de la tierce opposition, contre ce jugement, s'il leur parait léser leurs droits.

2° L'obligation n'est pas due *totaliter* : d'où, chaque créancier n'est pas censé seul créancier et chaque débiteur n'est pas considéré comme seul débiteur. — L'indivisibilité n'étant que la conséquence de l'impossibilité de division de la prestation, si la prestation, d'indivisible qu'elle était primitivement, se trouve convertie en une prestation divisible, l'obligation sera susceptible d'exécution partielle : ainsi en est-il, lorsque l'inexécution du fait promis résout l'obligation en dommages intérêts (1142). — Si l'obligation primitivement indivisible a été contractée sous une clause pénale, la peine est encourue par la contravention d'un seul des codébiteurs; mais l'exécution de cette clause pénale ne peut être demandée en totalité que contre l'auteur de la contravention. Les autres débiteurs non contre venants n'en seront tenus que pour leur part et portion et sauf leur recours contre le codébiteur qui a contrevenu, si l'objet qui doit acquitter la peine est d'ailleurs divisible (1232). — Si le créancier poursuit l'exécution qui est refusée, chaque codébiteur peut demander et doit obtenir un délai pour appeler ses codébiteurs en cause, afin de faire diviser la condamnation qui sera prononcée contre tous. Que si la prestation était de nature à ne devoir être acquittée que par celui qui a été assigné, il serait seul condamné, sauf son recours contre ses cohéritiers (1225). — Il résulte encore de notre principe, qu'un seul des créanciers ne peut remettre la totalité de la dette au débiteur. Les cocréanciers doivent seulement tenir compte au débiteur de la portion du cocréancier qui a fait la remise, et ne pourront plus demander l'accomplissement intégral de l'obligation qu'en indemnisant pécuniairement le débiteur jusqu'à concurrence de la remise, qui lui a été consentie (1224).

III. — De l'examen de certains cas d'obligations que la loi reconnaît comme divisibles, et qui cependant produisent les effets des obligations indivisibles.

Dans l'obligation divisible, chaque débiteur n'est tenu que de sa part de la dette (1220). Cependant ce principe souffre des exceptions, qui sont énumérées dans l'art. 1221. Les obligations dont il est question dans cet article continuent à être divisibles à l'égard des créanciers, mais sont indivisibles à l'égard des débiteurs, comme l'indiquent implicitement les termes de la loi. « La divisibilité reçoit exception à l'égard des héritiers du débiteur » (1221, 1°).

La rédaction de l'art. 1221 a été vivement critiquée et avec raison. Les premier et troisième cas qu'il énonce ne constituent nullement des exceptions à la règle de la divisibilité. — Dans le premier alinéa il est dit, que la dette n'est pas divisible si elle est hypothécaire. Cette proposition n'est pas rigoureusement exacte : en effet, si vous supposez une dette de 900 francs, hypothéquée sur le fonds A, et trois héritiers égaux du débiteur de cette dette, le cohéritier détenteur du fonds A, hypothéqué à la sûreté de la créance, devra payer la totalité de la dette ou délaisser le fonds, parce que l'hypothèque est *tota in toto*, *et tota in quâlibetcumque parte ;* mais personnellement il n'est et ne demeure tenu, comme les autres cohéritiers non détenteurs, que du tiers de la dette, c'est-à-dire de 300 francs. Donc, à proprement parler, la nature de la dette n'a pas changé ; et si l'action peut être exercée contre lui pour le tout, c'est seulement une conséquence de l'indivisibilité de l'hypothèque. — Le troisième alinéa n'est pas moins inexact dans ses termes. L'obligation, est-il dit, ne peut être exécutée par partie, s'il s'agit de la dette alternative de choses au choix du créancier dont l'une est indivisible. Il s'agit ici tout simplement de deux prestations, dont l'une a toujours été divisible et l'autre toujours indivisible. Le caractère de l'obligation n'a donc jamais été changé par aucun événement ; seulement il demeure en suspens jusqu'à ce qu'il ait été fixé par le choix des prestations, fait par le créancier ou le débiteur, suivant les conventions.

Les deuxième, quatrième et cinquième cas de l'art. 1221 sont de véritables exceptions à la règle de la divisibilité.

Si la dette est d'un corps certain et déterminé dans son individualité (1221, 2°), le cohéritier qui possède la chose due, peut être poursuivi par le créancier pour le tout, s'il la détient par suite d'un partage, sauf son recours contre ses cohéritiers. Des termes *peut être poursuivi*, il faut conclure que le droit de poursuivre pour le tout, dont est armé le créancier, est une simple faculté dont il peut user ou non, et qui ne le prive pas du droit de poursuivre et de faire condamner les autres débiteurs pour leur part. — *Quid* s'il n'avait pas encore été fait de partage entre les héritiers ?

Si l'un des héritiers est chargé seul par le titre de l'exé-

cution de l'obligation , il peut être poursuivi pour le tout
(1221 , 4°). De la discussion au Conseil d'Etat , il résulte que
le titre dont s'agit, peut être indistinctement, soit le titre constitutif de l'obligation , soit un titre postérieur. Peu importe
que ce titre soit une simple convention ou un testament ; la
loi ne distingue pas. On doit donc repousser en Droit Français la loi 56 , § 5 et 1 , ff *de verb. obligat* , qui ne permettait pas au débiteur de charger dans le contrat un seul
de ses héritiers de l'exécution de l'obligation. — On s'est
demandé , si le débiteur chargé seul de l'exécution de l'o-
bligation doit être condamné pour le tout , alors qu'il
demande à mettre en cause ses codébiteurs pour faire diviser la condamnation ? Dans cette hypothèse , l'héritier
poursuivi doit être condamné pour le tout, nonobstant sa
demande. En effet , l'exécution partielle porterait atteinte
au titre , qui le charge de l'exécution intégrale de l'obligation. L'art. 1221 dans sa disposition finale justifie entièrement cette solution : il accorde à ce débiteur un recours
contre ses cohéritiers , ce qui suppose nécessairement qu'il
a été condamné et qu'il a exécuté préalablement l'obligation.

Enfin , l'obligation divisible est encore exécutée par les
codébiteurs , comme si elle était indivisible , dans un dernier cas énoncé par l'art. 1221 , 3° : à savoir : « Lorsqu'il résulte , soit de la nature de l'engagement , soit de la
chose qui en fait l'objet , soit de la fin qu'on s'est proposée
dans le contrat , que l'intention des contractants a été que
la dette ne pût s'acquitter partiellement. » Chaque débiteur
peut être poursuivi et condamné pour la totalité de la dette ,
sauf son recours contre ses codébiteurs. — Ce paragraphe
du Code est la reproduction exacte des expressions même
de Pothier (n° 316) , à propos des obligations indivisibles
*solutione*. Nous avons déjà indiqué comment cette troisième
division des obligations indivisibles nous paraissait peu
logique : il nous reste à élucider les termes de l'article par
des exemples.

Il est difficile de trouver des hypothèses dans lesquelles l'indivisibilité *solutione* de l'obligation provienne de la *nature* de l'objet. A supposer que la dette alimentaire soit considérée comme indivisible, on pourrait la citer comme un des cas d'obligation indivisible *solutione* à raison de la nature de la créance, quoiqu'elle puisse aussi, avec tout autant de vérité, être rangée dans la classe des obligations indivisibles *solutione* à raison du but que se sont proposé les parties.

L'obligation est indivisible *solutione* à raison *de la chose* qui en fait l'objet, s'il s'agit de la prestation d'un corps déterminé seulement dans son espèce, et qui, quoique susceptible de parties intellectuelles, ne peut être réellement divisé en parties matérielles ; telle serait la dation d'un bœuf, d'un agneau, etc....

L'obligation est indivisible *solutione* à raison de la *fin* que se proposaient les parties, dans le cas, par exemple, où je me serais obligé à payer à un individu, qui veut émigrer en Afrique, la somme qui lui est indispensablement nécessaire pour payer son voyage de Toulon à Alger. — La question de savoir si une obligation est indivisible *solutione* dans le sens du paragraphe précité est donc toujours une question de fait bien plus qu'une question de droit.

Le codébiteur de l'obligation indivisible *solutione*, avons-nous dit, peut être poursuivi pour le tout par le créancier. Il n'en était pas de même dans l'ancienne jurisprudence, qui interdisait bien à ce débiteur le droit de se libérer en payant sa part seulement, mais qui ne permettait pas qu'on le poursuivît seul pour le tout. Du principe de notre législation actuelle on induit : — La prescription est interrompue *in totum* si un débiteur est poursuivi pour la totalité de la dette. — La clause pénale, ajoutée à l'obligation indivisible *solutione*, peut être intégralement demandée au cohéritier qui a empêché, par son fait, l'exécution de l'obligation pour la totalité. Quant aux autres cohéritiers, ils ne la doivent que pour leur portion seulement, et sauf leur recours. L'art. 1233 (2°) exige que la clause pénale ait été ajoutée dans l'intention que le payement ne pût se faire partiellement ; il n'est pas indispensable que cette intention soit formellement exprimée ; elle peut être tacite et résulter des circonstances.

De ce que la divisibilité de la créance subsiste toujours à l'égard des créanciers, résultent de nombreuses conséquences, qui différencient l'obligation indivisible *solutione* des deux premières espèces d'indivisibilité ; ainsi, un seul des créanciers ne peut demander toute la dette au débiteur ; le payement fait à un seul des créanciers ne suffit pas à libérer le débiteur envers tous les autres, etc....

# CHAPITRE II.

## DES DIFFÉRENTS EFFETS QUE PRODUISENT LES CONVENTIONS EU ÉGARD A LA PLURALITÉ DE LEUR OBJET.

Au point de vue de l'unité ou de la pluralité des prestations, qui font l'objet des obligations, celles-ci peuvent être simples ou composées. — L'obligation est *simple* si elle a pour objet une seule prestation ; ainsi je m'engage à vous livrer un champ, tous les objets de mon magasin, tous mes chevaux. — L'obligation *composée* embrasse plusieurs prestations : cette dernière classe d'obligations comprend les obligations conjonctives, alternatives et facultatives.

### I. — Obligation conjonctive.

L'obligation est *conjonctive*, lorsqu'un débiteur est tenu, en vertu d'un seul et même titre, de plusieurs prestations indépendantes les unes des autres. Elle engendre autant d'obligations distinctes qu'il y a de choses dues, et le débiteur peut se libérer séparément de chacune des dettes. Par exemple, je m'oblige à vous livrer ma maison, mon jardin et ma voiture, je dois les trois choses, et je ne serai libéré qu'en les payant toutes les trois : mais je peux les payer séparément et indistinctement l'un avant l'autre , sans avoir cependant le droit de contraindre le créancier à recevoir une partie de l'une et une partie de l'autre.

### II. — Obligation alternative.

L'obligation *alternative* a pour objet une chose indéterminée entre plusieurs choses déterminées , et le débiteur n'est tenu des diverses prestations qu'elle a pour objet que séparément , et en ce sens que le payement d'une seule de ces choses éteint la totalité de la dette (art. 1189 et 1196). La détermination de la chose, qui fait l'objet de l'obligation , appartient soit au débiteur , soit au créancier, soit à un tiers. Nous examinerons dans une première section ce qui advient , suivant que le choix appartient aux unes ou aux autres de ces personnes ; dans une seconde section nous étudierons sommairement les cas de perte des diverses prestations.

### (A) *De la faculté de choisir.*

**1° *Choix appartenant au débiteur.*** — Si les parties en sont convenues, ou même par ce seul fait qu'il n'a pas été expressément accordé au créancier , le choix appartient au débiteur (1190); c'est là une des applications du principe de l'art. 1162. Du reste , si le débiteur peut se libérer par le payement de l'une des choses, ce n'est que par la prestation intégrale de l'une d'elles et non par un accomplissement partiel des unes et des autres (1189-1191). — L'obligation alternative devient pure et simple dans certains cas ; ainsi lorsque le choix a été fait par le débiteur et accepté par le créancier; ainsi encore, s'il est survenu un événement par suite duquel une des prestations peut seule être acquittée. — L'obligation, que les parties ont entendu contracter alternativement, sera pure et simple , si l'une des des deux choses promises ne pouvait être l'objet de l'obligation (1192. — Si l'obligation alternative a pour objet des prestations annuelles ; ainsi une rente de vingt hectolitres de blé ou quatre cents francs d'argent, le débiteur rentier, après avoir payé certaines annuités en blé, pourra payer les annuités suivantes en argent ; cette obligation alternative se décompose en effet en autant d'obligations distinctes qu'il y a d'années. Du reste, jamais le débiteur ne pourrait forcer le créancier à recevoir une même annuité, partie en blé, partie en argent ( l. 21, § 6, ff *de act. empt. vend.* ).

Si le débiteur d'une dette alternative, dont tous les objets sont également divisibles, meurt en laissant plusieurs héritiers, son droit de choisir passe à ceux-ci ; seulement chacun de ses héritiers ne peut, à son choix, délivrer pour sa part une fraction de l'une ou de l'autre chose ; ils devront s'entendre entre eux sur le choix commun de l'une des prestations, car s'il en était autrement, le créancier obtenant diverses parties de chacune des choses qu'il a stipulées, et n'en obtenant aucune intégralement, serait lésé dans ses droits. — *Quid* si les divers débiteurs ne peuvent s'accorder sur le choix ?

Le débiteur, qui ignorait l'alternativité de l'obligation, et qui a livré la chose qu'il pensait seule devoir, peut-il la répéter par la *condictio indebiti* ? C'est ici le cas d'appliquer l'art. 1577, qui accorde le droit de répétition contre le créancier à celui qui a acquitté une dette par erreur, et de donner au débiteur la faculté de se libérer au moyen de l'autre prestation ( ff l. 32, § 7, *de condict. indeb.* ). — Il importe toutefois de faire une précision : si le créancier a reçu de bonne foi, et sans être l'auteur de l'erreur dans laquelle le débiteur est tombé, celui-ci ne peut répéter la prestation payée qu'à la condition que le créancier n'en souffrira aucun préjudice.

2° *Choix appartenant au créancier.* — Le choix appartient au créancier, si cela est convenu expressément dans l'obligation (1190). En ce cas, le débiteur ne peut pas par son fait priver le créancier du *jus electionis* dont il est investi : nous verrons quels sont les effets de ce principe , en étudiant les cas de perte de la chose. — Le créancier , auquel a été déféré le choix , ne peut exiger que le payement total *de l'une* des prestations. — Si le créancier meurt avant d'avoir choisi , son droit passe à ses héritiers (1122). — ( Vid. *dissertatio Hertii ; de electione ex conditione alternativâ* , sect. 4 , § 1. )

3° *Choix appartenant à un tiers.* — Enfin , la faculté de choisir peut être déférée à un tiers , ce qui peut faire naitre des questions assez difficiles ; ainsi , *quid* si le tiers ne veut pas choisir? s'il meurt avant d'avoir pu choisir?(1592-1854.)

Disons en terminant que , le choix une fois fait , on ne peut plus varier , à moins de causes légitimes , ce qui doit être apprécié d'après les circonstances. Toullier ( t. 6, n° 692), cite comme exemple de causes légitimes , le cas d'un créancier , qui , ayant le choix entre plusieurs chevaux , en choisit , sans le savoir , un qui est atteint d'un vice rédhibitoire ; car , dit-il , si le débiteur le lui avait payé comme prestation d'une obligation unique , ce créancier eût pu le lui rendre.

De ce que l'objet de l'obligation alternative est incertain jusqu'au moment du choix qui le détermine , il résulte que la nature mobilière ou immobilière des obligations alternatives , qui ont pour objet des meubles ou des immeubles , est en suspens jusqu'à l'époque du choix. Ceci donne lieu à des questions nombreuses. Ainsi , je meurs laissant deux héritiers , à l'un je lègue mes meubles , et à l'autre mes immeubles ; et un débiteur qui me doit à *son* choix mille francs ou cinquante ares de terre : auquel de mes héritiers appartiendra cette créance ? — *Quid*, dans la même hypothèse, si le créancier avait le choix et est mort avant d'avoir pu opter ; auquel des deux héritiers le choix devra-t-il appartenir ? — *Quid*, si le créancier d'une obligation alternative d'un meuble ou d'un immeuble , à son choix, se marie sous le régime de la communauté ? — *Quid*, dans le même cas, si le débiteur de la prestation a le *jus electionis ?*

*(B) Des cas de perte des diverses prestations.*

Les objets des obligations alternatives sont ou déterminés dans leur *individualité*, ou déterminés dans *leur espèce*. — Déterminés seulement quant à l'espèce, ils périssent uniquement pour le compte du débiteur, d'après les principes préexposés, et sans qu'il y ait lieu de s'occuper si le débiteur était ou n'était pas en demeure, si la perte provient d'une faute ou d'un accident, si une ou toutes les choses ont péri; « *genus nunquàm perit.* » Cette obligation alternative de choses indéterminées dans leur individualité, se présente journellement dans les baux à ferme ou à métayage.

Les cas de perte des choses certaines et déterminées, qui ont été promises alternativement, présentent au contraire de nombreuses difficultés. — Nous supposerons que *deux* objets ont été alternativement promis, ce qui est le cas le plus fréquent : du reste, il faudrait raisonner de même s'il y avait trois ou un plus grand nombre d'objets dans l'obligation.

Des deux objets, ou l'un seulement, ou tous les deux ont péri. — Si un seul des objets a péri, ce peut être par l'effet d'un cas fortuit, ou par la faute du débiteur. (La demeure du débiteur équivaut à une faute, et dès lors les deux cas de faute et de demeure doivent être entièrement assimilés.)

Si *un des objets a péri par cas fortuit*, il est inutile de distinguer à qui le choix appartenait; l'obligation devient pure et simple, et l'objet qui reste est seul dû par le débiteur (1195 1° et 1194 1° du § 2).

L'*un des objets a péri par la faute du débiteur* : — Si le choix appartient au débiteur, l'obligation devient pure et simple; le débiteur est censé, par le fait de sa faute, avoir opté pour la chose qui reste (1195. 1°). — Que si le choix appartient au créancier, celui-ci a le droit de réclamer ou la chose qui lui reste, ou le prix de la chose qui a péri

(1194, 2° du § 2). S'il n'en était pas ainsi, ses droits eussent été lésés, et son droit d'option lui eût été enlevé par suite d'un fait qui lui est complétement étranger, ce qui serait injuste.

Les *deux* objets peuvent avoir péri; et alors c'est tantôt par cas fortuit, tantôt par la faute du débiteur; ou bien encore, soit successivement, soit simultanément. Que doit-on décider dans ces diverses hypothèses?

Si les deux objets ont péri par cas fortuit, successivement ou simultanément, l'obligation est éteinte, sans distinguer si le choix appartenait au créancier ou au débiteur (1195).

Si les deux objets ont péri par la faute du débiteur, la perte peut avoir été successive ou simultanée. — Dans le cas où les deux choses ont péri successivement, il importe de savoir qui avait le droit de choisir. Si le débiteur avait cette faculté, il doit le prix de la chose qui a péri la dernière (1195, 2°). Que si le choix appartenait au créancier, celui-ci peut réclamer à sa volonté le prix de l'une ou de l'autre des choses qui ont péri (1194 § 3 *in fine*). — Supposons au contraire que la perte ait été simultanée : si le débiteur a le choix, il peut donner la valeur de l'une ou de l'autre comme il l'entend. De son côté, le créancier à qui la faculté de choisir a été réservée, peut demander le prix de l'une des deux à sa volonté (1194, § 3, *in fine*).

Enfin, il se présente une dernière source de questions : les deux choses ont péri, mais l'une par cas fortuit et l'autre par faute. Il importe de savoir laquelle a péri la première.

Que si la première a péri par cas fortuit et la seconde par faute, on doit encore observer qui avait le droit de choisir. Si le choix appartenait au débiteur, il doit le prix de la dernière qui a péri (1195, 2°). — Si le choix était le propre du créancier, il peut demander le prix de l'une ou l'autre des choses; c'est du moins là la solution du Code : logiquement, il devrait avoir le prix de la dernière qui a péri, puisque le cas fortuit a éteint la première prestation.

Au contraire, la première des deux choses a péri par la faute du débiteur et la seconde par cas fortuit : — Le débiteur qui a le choix doit le prix de la dernière qui a péri (1195, 2°). Il nous paraîtrait plus conforme aux principes de décider, si le texte ne condamnait notre opinion, que le débiteur doit payer le prix de la chose qui a péri par sa faute, parce que le cas fortuit a éteint la dernière prestation. — Si le choix appartenait au créancier, il peut exiger le prix de l'une ou de l'autre chose (1194. 2° du § 2). Il serait plus rationnel de donner au créancier le droit de réclamer seulement le prix de la chose qui a péri par la faute du débiteur, puisqu'un cas fortuit a éteint la seconde prestation.

Nous ne nous sommes pas préoccupé dans notre exposé du cas de perte de l'une ou des deux choses par la faute du créancier, parce que, relativement au débiteur, la faute du créancier est assimilée entièrement à un cas fortuit. — Observons encore que si le choix a été attribué à un tiers, il faut raisonner absolument comme dans les cas où il appartient au créancier.

On doit assimiler aux cas de perte tous les cas où par un événement quelconque il est devenu impossible d'accomplir l'obligation (Arg. des art. 1192 et 1195. — Zachariæ, § 500 *in fine*, tom. 2).

### III. Obligation facultative.

Il y a obligation facultative, quand une seule chose fait l'objet de la convention, et quand les autres sont simplement indiquées dans des dispositions qui ne se réfèrent qu'à l'exécution. On peut citer comme exemple l'obligation du tiers détenteur d'un immeuble hypothéqué de délaisser cet immeuble, si mieux il n'aime payer toutes les dettes dont il est grevé (2168). Délaisser l'immeuble hypothéqué, voilà la prestation principale qui est *in obligatione;* payer toutes les dettes hypothécaires, voilà la prestation accessoire « *quæ non est in obligatione, sed adjecta tantùm solutionis gratiâ.* » En somme donc on ne peut considérer l'obligation facultative comme obligation composée qu'indirectement, et seulement à raison de la faculté accordée au débiteur de se libérer par l'une des prestations à son choix. — Dans tous les cas, le créancier ne peut exiger que la prestation principale.

Le Code n'a pas consacré un chapitre spécial à l'exposé des principes de l'obligation alternative; on trouve seulement dans les textes quelques exemples de cette obligation, ainsi les cas des art. 1681, 891, etc....

L'obligation facultative diffère essentiellement de l'obligation alternative : ces différences ont été très-bien déduites et classifiées par Zachariæ, dont nous adoptons pleinement la division sur ce point.

1° Pour déterminer *la nature* de l'obligation, on devra, dans l'obligation alternative, attendre l'époque du choix de l'une des prestations, et jusque-là le caractère de l'obligation reste en suspens; tandis que dans l'obligation facultative on peut fixer le caractère de la prestation *ab initio*, parce qu'on ne considère jamais que la nature de la prestation principale.

2° Quant à *la validité* de l'obligation : si la prestation principale est nulle dans l'obligation facultative, l'obligation tout entière, s'évanouit, sans qu'on ait égard à l'existence des prestations accessoires. Dans l'obligation alternative, si l'une des prestations est nulle et ne pouvait être l'objet de la convention, l'autre prestation n'en est pas moins due et l'obligation devient pure et simple (Arg. de 1192).

3° Au point de vue de *la demande à former*, le créancier de l'obligation facultative ne peut réclamer que la chose principale, tandis que le créancier de l'obligation alternative peut réclamer au débiteur l'une des deux choses.

4° Enfin, en égard à *l'extinction*, l'obligation alternative continue à subsister tant qu'il existe une des choses qui formaient l'objet des prestations ( sauf les précisions faites ci-dessus ); tandis que l'obligation facultative est éteinte lorsque la chose principale a péri. — En quelques mots, voici les cas de perte qui peuvent se présenter dans l'obligation facultative. La prestation principale peut périr ou par cas fortuit, ou par faute. Si elle a péri par cas fortuit, le débiteur est entièrement libéré (1302, 1°). Si elle a péri par sa faute, il doit la valeur de cette prestation : seulement et uniquement par faveur, le débiteur serait libre, en ce cas, de donner au créancier, au lieu de la valeur de l'objet perdu, la prestation accessoire *quæ erat in facultate solutionis*, sans qu'en aucun cas le créancier pût l'exiger.

## CHAPITRE III.

### DES DIFFÉRENTS EFFETS QUE PRODUISENT LES CONVENTIONS, EU ÉGARD A LA PLURALITÉ DES SUJETS DE L'OBLIGATION.

Au point de vue de l'unité ou de la pluralité des débiteurs et des créanciers, les obligations sont uniques ou multiples. — L'obligation *unique* est imposée à un seul débiteur en faveur d'un seul créancier. — L'obligation *multiple* est imposée à plusieurs débiteurs ou établie au profit de plusieurs créanciers (art. 1101).

L'obligation multiple est elle-même ou conjointe ou disjointe.

I. Elle est *disjointe*, si elle ne crée plusieurs personnes créancières ou débitrices que sous une disjonctive, de telle sorte que l'un des créanciers ayant reçu ou l'un des débiteurs ayant payé, il n'existe plus ni dette, ni créance. On trouve très-peu d'exemples de pareilles obligations; en voici un : je promets de donner ma maison soit à Jacques, soit à Jean, soit à Guillaume. Après la dation de la maison à l'un d'eux, à mon choix, les autres n'auront plus rien à prétendre. ( *Vid.* leg. 16, ff *de legat.* II. ) Nous n'insistons pas davantage sur cette espèce d'obligation, qui est infiniment rare; et dans laquelle il n'y a du reste que pluralité accessoire de personnes.

II. L'obligation est *conjointe*, si plusieurs personnes se trouvent simultanément constituées créancières ou débitrices; dans ce cas même l'obligation est ou simplement conjointe ou solidaire.

## SECTION I.

### *De l'obligation simplement conjointe.*

Il y a obligation simplement conjointe, lorsqu'elle se fractionne en autant de parts égales (*in viriles partes*) qu'il y a de créanciers ou de débiteurs, de sorte que chaque créancier ne peut exiger que sa part virile de la créance, et que chaque débiteur n'est tenu de payer que sa part virile de la dette. La division a toujours lieu par parties égales, à moins que le titre constitutif de l'obligation n'ait attribué des portions inégales, soit aux créanciers, soit au débiteur. Du reste, nous ne considérons ici l'égalité ou l'inégalité de parts, que relativemsnt aux rapports entre créanciers et débiteurs réciproquement. — A l'égard des créanciers et des débiteurs considérés séparément, il y a aussi présomption que leurs parts sont égales, à moins qu'un titre concomitant avec l'obligation ou même postérieur ne vienne établir le contraire : mais en ce cas, cette convention n'est taxativement obligatoire que pour les créanciers entre eux ou pour les débiteurs entre eux (1865).

L'obligation conjointe doit être considérée comme constituant autant de créances ou de dettes distinctes les unes des autres qu'il y a de créanciers ou de débiteurs. D'où, le droit d'accroissement n'aura pas lieu, et la part qu'un créancier ne pourra recueillir, n'accroîtra pas à ses cocréanciers. — Si l'un des débiteurs est insolvable, les autres codébiteurs n'en sont nullement responsables, et cette insolvabilité demeure à la charge du créancier. — La prescription interrompue ou suspendue à l'égard de l'un des créanciers, ne l'est pas en faveur des autres. — Le débiteur poursuivi doit seul les intérêts et les fruits ; par le fait de ces poursuites, les autres codébiteurs ne sont nullement mis en demeure. — Enfin, le jugement rendu contre tous les codébiteurs est en dernier ressort, quand même la demande totale dépasserait le taux de la compétence en dernier ressort, pourvu que la part de chaque débiteur ne dépasse pas cette somme.

## SECTION II.

### *De l'obligation solidaire.*

Si les théories sur la divisibilité et l'indivisibilité sont d'une application peu fréquente, en revanche la solidarité est d'une utilité pratique journalière. Le mot *solidarité* vient de l'expression latine *in solidum*, pour le tout. En effet, chaque créancier peut demander à chaque débiteur le payement total de la créance ( 1197 ), et chaque débiteur est tenu de la totalité de la dette ( 1200 ). Ce résultat est commun à l'obligation indivisible et à l'obligation solidaire : il ne faudrait pas toutefois en conclure que ces obligations se confondent. Il y a entre elles des différences essentielles qui sont admirablement résumées dans cette formule de Dumoulin, que nous avons déjà commentée dans l'étude des Textes Romains : « *In obligatione correali totaliter debetur ex obligatione ; in obligatione individua totum debetur ex necessitate sed non totaliter.* »

Les obligations solidaires sont de deux natures : elles sont solidaires proprement dites, c'est-à-dire *corréales*, ou bien *in solidum*. Étudions la nature et les effets de chacune de ces sortes d'obligations.

### § I.

*Des obligations corréales ou solidaires proprement dites.*

La théorie de la solidarité repose sur une double base ,

l'unité de la prestation et l'unité fictive des débiteurs ou créanciers. Avant d'étudier les conséquences de ce double principe, sachons d'abord comment naît la solidarité. — La solidarité ne se présume jamais ; elle n'a lieu qu'autant qu'elle est établie, soit par la loi, soit par une disposition de dernière volonté, soit par une convention spéciale des parties (1197-1102). — En matière civile, toute obligation dans laquelle on trouve plusieurs créanciers ou plusieurs débiteurs est considérée comme simplement conjointe, si la solidarité n'y est formellement exprimée. Du reste, les expressions *solidaires*, *solidairement* ne sont point sacramentelles, et l'on pourrait se servir, pour indiquer qu'il y a solidarité, de termes équipollents, comme ceux-ci : *chacun pour le tout*, etc..... (Grenoble, 28 janvier 1850). — Pour qu'il y ait solidarité entre diverses personnes, il faut, d'après la jurisprudence, qu'elle ait été stipulée par un seul et même acte, c'est-à-dire simultanément dans l'acte constitutif de l'obligation. — *Quid*, si par un second acte on se déclare solidaire d'un débiteur déjà obligé ?

Les cas de solidarité légale sont assez nombreux ; nous citerons notamment la responsabilité solidaire, envers le prêteur, de plusieurs qui ont conjointement emprunté la même chose (1887) ; et la responsabilité de ceux qui ont constitué un mandataire pour une affaire commune, envers ce mandataire pour tous les effets du mandat (2002). — Il peut y avoir dans l'obligation plusieurs débiteurs ou plusieurs créanciers solidaires, ce qui revient, en d'autres termes, à dire que la solidarité peut être active ou passive.

### De la solidarité active ou entre les créanciers.

Les cas de solidarité active sont assez rares en pratique. Dans cette espèce de solidarité, chaque créancier est censé seul créancier, et la chose n'est due qu'une fois. De là devrait résulter non-seulement que chaque créancier a la faculté de libérer le débiteur en recevant le payement intégral, mais encore qu'il peut, en sa qualité de *dominus obligationis*, disposer de la créance à son gré, et, par exemple, faire remise pleine et entière au débiteur. Toutefois il n'en est pas ainsi, parce qu'il faut concilier ce principe de l'unité fictive du créancier avec cet autre principe : que les créanciers solidaires sont censés s'être donné mandat seulement pour poursuivre et recevoir le payement chacun au nom de tous ; mais qu'ils ne se sont pas donné le pouvoir de disposer individuellement de la totalité de la créance. — Dans leurs rapports entre eux, les créanciers sont réputés associés. Voici les conséquences de ces règles :

Chaque créancier a le droit d'exiger et de recevoir la totalité de la créance (1197). Le débiteur ne saurait le repousser en lui opposant le bénéfice de division. Si un des créanciers solidaires laissait des héritiers, le débiteur pourrait-il opposer le bénéfice de division à l'un de ces cohéritiers qui demanderait le payement intégral de la prestation ? Évidemment oui, parce que la solidarité est un bénéfice purement personnel au créancier, qui ne rend pas la prestation indivisible et qui ne déroge en rien à cette règle générale : « *Nomina hereditaria ipso jure inter heredes divisa sunto.* » Ici nous signalons une différence entre l'obligation solidaire et l'obligation indivisible. Dans cette dernière, en effet, le bénéfice de division n'eût pas été opposable à l'héritier du créancier, par cette raison que l'indivisibilité provient non pas de la convention des parties, mais de l'impossibilité de payer partiellement.

Le débiteur peut choisir pour se libérer l'un ou l'autre des créanciers solidaires, tant qu'il n'a pas été prévenu par les poursuites de l'un d'eux (1198, 1°). — Tout acte interruptif de prescription, par rapport à l'un des créanciers solidaires, profite également à tous les autres créanciers (1199). — L'interruption de prescription opérée par l'un des héritiers d'un des créanciers profite aux autres créanciers, mais seulement pour la part de cet héritier dans la totalité de la créance (Delvincourt). — La minorité de l'un des créanciers solidaires (2252) suspendrait-elle la prescription en faveur de ceux qui sont majeurs ? Nous ne le pensons pas ; la créance sera éteinte, sauf la part du mineur. On ne saurait assimiler l'acte interruptif de prescription, qui est une émanation de la volonté du mandataire, et doit, par conséquent, profiter aux divers mandants, à la suspension qui est produite au profit de l'un des mandataires par l'effet seul de la loi. En vain opposerait-on la maxime qu'en fait de prescription le mineur relève le majeur : elle n'est vraie que dans les obligations indivisibles. — La demande des intérêts qu'intente l'un des créanciers solidaires les fait courir au profit des autres créanciers ( arg. de 1207 ).

Le mandat des créanciers est limité aux pouvoirs nécessaires pour poursuivre l'exécution de l'obligation ; il en résulte que l'un des créanciers n'a aucun droit de disposer de ce qui excède sa part de la créance. — La remise de l'entière dette qu'il consent au débiteur ne libère celui-ci que pour sa part dans la créance ( 1198, § 2 ). — L'un des créanciers ne peut nover pour les parts de ses cocréanciers ( argt de 1198, § 2 ), ni transiger ou compromettre pour eux ( 2045, C. civ. — 1005 Proc. civ. ). — La compensation intégrale qui s'opère entre l'un des créanciers et le débiteur peut-elle être assimilée à un payement et libère-t-elle le débiteur ? Delvincourt, par un argument d'analogie tiré de l'art. 1295, al. 3, décide que la compensation ne peut être opposée jusqu'à concurrence seulement de la part de ce créancier. — Si le débiteur prête le serment qui lui est déféré par l'un des créanciers solidaires, on ne doit en induire, à l'égard des autres créanciers, aucune présomption légale de payement. Le débiteur n'est libéré que pour la part de celui qui lui a déféré le serment ( 1365, 2° ).

Les créanciers solidaires étant associés par rapport au bénéfice de la créance, ils se doivent respectivement compte de ce qu'ils ont reçu. Ainsi, celui qui aura perçu le montant intégral de la créance, devra le partager par portions viriles, ou par portions inégales s'il avait été ainsi convenu dans l'obligation primitive, et sera tenu envers les autres créanciers du montant de ces diverses parts.

### De la solidarité passive ou entre les débiteurs.

La solidarité n'a pas été établie seulement en vue de favoriser les intérêts des créanciers ; elle été admise aussi au bénéfice des débiteurs. En effet, les codébiteurs pouvant être poursuivis chacun pour le tout, et étant libérés dès que la prestation a été accomplie par l'un d'eux, cette solidarité, en simplifiant les poursuites, devient pour eux une source de crédit. Toutes les règles de la solidarité passive se réduisent à quelques grands principes, à savoir : que chaque débiteur est censé être seul débiteur ; qu'une seule et même chose est due par tous les débiteurs et n'est due qu'une fois. Voici les conséquences de ces règles, qui n'offrent pas seulement un intérêt théorique, mais encore un intérêt pratique, car la solidarité passive est d'un usage très-fréquent.

1er *Principe*. — Les débiteurs ne doivent qu'une seule et même prestation, et relativement au créancier, chacun des débiteurs solidaires est censé être seul débiteur et représenter tous ses autres codébiteurs.

De là on doit conclure : — Le payement fait au créancier par l'un des débiteurs solidaires, libère tous les codébiteurs (1200). — Les poursuites intentées contre un des débiteurs, interrompent la prescription à l'égard de tous (1206). — *Quid* de la suspension de la prescription ? La suspension ne saurait être assimilée à l'interruption : aussi décide-t-on généralement que la suspension de la prescription à l'égard de l'un des débiteurs solidaires, n'empêche pas la prescription de courir au profit des autres (25 février 1852, Cassat). — Les héritiers d'un des débiteurs solidaires ne sont tenus chacun de l'obligation que pour leur part ; par conséquent, pour interrompre la prescription à l'égard de ces cohéritiers, il faut une interpellation faite à tous (2249, dernier §). Il en serait autrement dans l'obligation indivisible, où les héritiers du débiteur sont chacun tenus *in totum*. — La reconnaissance de la dette faite par un des débiteurs solidaires interrompt la prescription à l'égard des autres codébiteurs (2249, 1°).

Les intérêts courent contre tous les débiteurs solidaires par la demande qui en est formée contre un seul (1207). — Si l'un des débiteurs solidaires est mis en demeure de payer la chose, les effets de cette mise en demeure s'étendent à tous les codébiteurs, qui sont obligés de payer la valeur de la chose, si elle vient à périr par cas fortuit (1302, 1205, 1°). — Lorsque la chose a péri par la faute d'un ou de plusieurs des débiteurs solidaires, les autres codébiteurs ne sont point déchargés de l'obligation de payer solidairement le prix de cette chose (1302, 1205, 1°). Mais de ce que les codébiteurs ne doivent solidairement qu'une seule et même prestation, il résulte qu'ils ne sont pas tenus des obligations nouvelles qui naissent, soit de la mise en demeure, soit de la faute de l'un des débiteurs. Par exemple, les dommages-intérêts, dus à suite de faute ou de mise en demeure, ne peuvent être réclamés que contre les auteurs de la faute ou contre ceux qui étaient en demeure (1205, 2°). Du reste, la solidarité des débiteurs s'étend à la prestation accessoire qui aurait été primitivement stipulée, comme à la prestation principale. Il y a en effet une grande différence entre les dommages-intérêts encourus accidentellement par suite d'une contravention, et la clause pénale stipulée pour ce cas, car alors cette clause pénale est une véritable *obligation conditionnelle préexistante* (Duranton XI, 571).

Tous les débiteurs peuvent opposer les moyens de défense et exceptions qui ne sont pas purement personnels à l'un d'eux (1208). — On entend par exceptions purement personnelles à certains codébiteurs, celles qui proviennent de faits à eux particuliers et spéciaux. Ainsi l'un des débiteurs peut se trouver engagé à terme ou sous condition, tandis que les autres codébiteurs le sont purement et simplement ; ainsi l'un des débiteurs peut avoir été personnellement incapable de contracter ; ainsi encore l'un des débiteurs peut jouir de certains modes d'éteindre son obligation, qui, aux termes de la loi, n'appartiennent qu'à lui : par exemple, un débiteur solidaire ne pourrait opposer la compensation de ce que le créancier doit à son codébiteur (1294, al. 3). Cependant il paraît juste de restreindre la portée de cet article, et de permettre aux débiteurs solidaires d'opposer au créancier la compensation jusqu'à concurrence de la part du débiteur, du chef duquel elle s'est opérée. — La confusion enfin est une exception toute personnelle au codébiteur solidaire dans la personne duquel elle s'opère : elle ne profite à ses codébiteurs que pour la part dont il était personnellement tenu (1301, § 3).

Les exceptions, qui tiennent à l'obligation elle-même ( *réelles* pour ainsi dire), sont communes, et peuvent être invoquées par tous les débiteurs. Elles se rangent en trois classes, et tiennent ou à la nature de l'obligation, ou aux modes généraux d'extinction de l'obligation, ou bien encore aux présomptions légales de libération.

Comme exemples d'exceptions tirées de la nature même de l'obligation, on peut citer le défaut de cause ou d'objet dans le contrat, etc. ...

Parmi les exceptions communes puisées dans les modes d'extinction de l'obligation, on remarque : la perte fortuite de la chose due, s'il s'agit d'un corps certain, et si les débiteurs n'étaient pas en demeure (1302) ; la novation faite entre le créancier et l'un des codébiteurs solidaires (1281) ; la remise de la dette consentie par le créancier à l'un des débiteurs, si le créancier n'a pas stipulé expressément la réserve de ses droits contre les autres débiteurs. Lorsque le créancier a fait cette réserve, il ne peut cependant répéter la dette que sous la déduction de la part de celui en faveur de qui il a fait la remise (1285).

Enfin il est des présomptions légales de libération, dont tous les codébiteurs peuvent argumenter ; ainsi : — le serment déféré à l'un des débiteurs solidaires et prêté par lui, profite à tous les autres, s'il a été déféré sur la dette et non sur le fait de la solidarité (1365, 4°). — Le jugement rendu en faveur de l'un des codébiteurs, établit une présomption de libération en faveur de tous les autres ( argum. des art. 1350, 3° et 1351 ). Inversement le jugement rendu au profit du créancier, nuit à tous les débiteurs solidaires, en tant qu'ils n'ont pas à y opposer des exceptions qui leur soient personnelles, auquel cas, les codébiteurs solidaires qui n'ont pas été parties dans l'instance, peuvent relever appel, ou se pourvoir par tierce opposition, s'il y a lieu ( 11 déc. 1834, Cassat. ). — La remise volontaire du titre original sous signature privée ou de la grosse du titre à l'un des débiteurs solidaires, établit une présomption de libération, dont peuvent argumenter tous les codébiteurs (1284).

*2e Principe.* — Nonobstant l'unité de la prestation et de la dette, il y a autant de liens juridiques différents que de débiteurs.

On doit en induire que : — Les divers débiteurs peuvent être obligés différemment les uns des autres (1201). — L'incapacité de l'un des contractants n'influe en rien sur la validité ou la nullité des engagements pris par les codébiteurs capables et réciproquement. — Les poursuites exercées contre l'un des codébiteurs n'enlèvent pas au créancier la faculté d'en intenter de pareilles contre les autres 1204. — Chaque codébiteur solidaire peut opposer au créancier toutes les exceptions qui lui sont personnelles, quoique les autres codébiteurs ne puissent les proposer pour eux ou en son nom ( 1208 ). — Le créancier peut s'adresser à celui des débiteurs qu'il veut choisir, sans que celui-ci puisse lui opposer le bénéfice de division (1205). Les tribunaux décident que les codébiteurs non poursuivis peuvent intervenir, et même que le codébiteur poursuivi a la faculté d'appeler ceux-ci en cause (Arg. de 1215). En regard du droit du créancier d'exiger la totalité, chaque débiteur a celui de payer intégralement la prestation, sans que le créancier puisse en exiger la division (Cass. 15 mars 1827).

A la différence de l'obligation indivisible, l'obligation solidaire peut cesser de l'être par suite de la volonté du créancier ; ainsi si le créancier consent à diviser la dette entre tous les codébiteurs. — Le créancier, qui remet expressément la solidarité à l'un des codébiteurs et consent à recevoir de lui sa part dans la prestation, conserve son action solidaire contre les autres, déduction faite de la part de ce débiteur déchargé de la solidarité (1210). — Il en serait de même si le créancier a remis au codébiteur non-seulement la solidarité mais encore sa part de la dette. — Lorsque le créancier a remis la solidarité à l'un des débiteurs, si les autres codébiteurs deviennent insolvables, la part de ces insolvables dans la dette est contribuatoirement répartie entre tous les codébiteurs solvables, même ceux qui ont été déchargés de la solidarité. En ce cas le créancier supportera *personnellement* la part proportionnelle pour laquelle ces débiteurs déchargés doivent contribuer à couvrir l'insolvabilité 1215. La raison en est simple : les débiteurs déchargés sont devenus, par le fait de la remise consentie, simplement débiteurs de leurs parts primitives dans l'obligation ; on ne peut donc en rien exiger au delà, et d'autre part, l'insolvabilité devait forcément être répartie entre tous les débiteurs solvables sans exception, car le créancier ne saurait par son fait améliorer la position de certains de ses débiteurs au préjudice des droits des autres. — La remise de la solidarité ne se présume pas, elle doit être expresse ; toutefois elle peut par exception être tacite et résulter de certains faits, qui la font considérer du législateur comme suffisamment exprimée. C'est ce qui arrive dans les cas suivants : — Le créancier est censé remettre la solidarité au débiteur, lorsqu'il reçoit de lui une somme égale à sa part et que la quittance porte ces mots, *pour sa part* (1211. 2°). Du reste, en recevant divisément cette part, le créancier ne renonce à la solidarité qu'à l'égard de ce débiteur individuellement, et nullement à l'égard des autres (1211, 1°). De plus, si la quittance délivrée contient, en même temps que les mots sacramentels, *pour sa part*, des réserves du créancier pour ses droits, ces réserves détruisent l'effet des présomptions que l'on pourrait induire des termes précités; et comme nul n'est censé faire facilement l'abandon de ses droits, on décidera qu'il n'y a pas remise de solidarité. — Par la demande de la dette intentée contre l'un des débiteurs *pour sa part*, le créancier est censé avoir remis la solidarité au débiteur, si celui-ci acquiesce à cette demande ou s'il intervient un jugement de condamnation (1211, 3°). — Si un créancier reçoit divisément la part que l'un des codébiteurs solidaires doit dans les arrérages et intérêts de la dette, et lui en fournit quittance *pour sa part*, sans faire de réserves, il perd la solidarité pour les arrérages et intérêts échus qu'il a reçus de cette manière (1212), mais non pour les intérêts à échoir et le capital de la dette. Nous restreignons la compréhension du mot *échus* employé dans notre article, en ce sens que la remise de la solidarité ne s'applique qu'aux intérêts échus et compris dans la quittance, et pas du tout aux intérêts échus qui n'y ont point été compris. Ces derniers doivent être assimilés aux intérêts à échoir, et le droit de solidarité est entièrement conservé quant à eux. Toutefois, ( et c'est ici surtout la présomption établie par la loi, ) si le payement divisé des intérêts a été continué pendant *dix* ans consécutifs, le créancier est réputé avoir remis la solidarité (1212 *in fine*).

5ᵉ *Principe*. — C'est seulement dans l'intérêt du crédit des débiteurs que la solidarité engendre l'unité de la dette; aussi, dès que la prestation a été payée, l'obligation doit-elle se fractionner entre les divers débiteurs.

Les débiteurs étant réputés associés égaux , la dette se divise , de plein droit , entre eux par portions égales. Cependant , s'il y a convention contraire , chacun d'eux sera tenu seulement pour la part fixée dans les stipulations intervenues à cet égard ( 1213 ). Observez , en outre , que si l'affaire , à raison de laquelle est née l'obligation solidaire , ne concernait évidemment que l'un des codébiteurs , celui-ci serait seul tenu par rapport aux autres coobligés , que l'on considérerait alors comme ses cautions ( 1211 ). — Le débiteur solidaire qui a payé l'entière dette , est subrogé aux droits du créancier contre les autres débiteurs ( 1251 , 3° ) , tant pour le capital que pour les intérêts , à dater du jour du payement ( 2028 , 2° par analog. ) ; mais il ne peut agir contre chacun des codébiteurs que pour la part de chacun d'eux dans la dette , afin d'éviter tout *circuit de recours* , pour nous servir d'un terme usité par certains docteurs ( 1214 ). Le débiteur solidaire , qui a obtenu du créancier une subrogation conventionnelle à tous ses droits , peut-il , en vertu de cette subrogation , exercer contre ses autres codébiteurs un recours solidaire , déduction faite seulement de sa propre part dans la dette ? La subrogation conventionnelle ne saurait donner au débiteur , en faveur de qui elle est faite , plus de droits que la subrogation légale , qui s'opère *plano jure*. L'art. 1214 est applicable dans les deux hypothèses ; en effet , le circuit de recours aurait autant d'inconvénients dans un cas que dans l'autre. — Si le créancier avait reçu son payement non pas d'un codébiteur , mais d'un tiers qui n'en est pas personnellement tenu , ce tiers pourrait être subrogé conventionnellement à l'action solidaire intégrale du créancier.

On a agité la question de savoir , si les effets de la solidarité se trouvent modifiés par ce fait , que le créancier a rendu impossible la subrogation aux sûretés , constituées à son profit du chef de l'un des débiteurs dans l'acte d'obligation. En ce cas les effets de la solidarité sont indubitablement modifiés ; on doit appliquer par analogie l'art-2037. Le créancier ne sera admis à exercer son action solidaire contre les autres débiteurs, que déduction faite de la part des débiteurs aux sûretés desquels il a renoncé. En effet, les divers débiteurs ne s'étaient réciproquement engagés que certains d'avoir entre eux un recours utile à raison des sûretés attachées primitivement à la créance : si le créancier y a renoncé, il en est seul responsable, et ce fait ne saurait préjudicier en rien aux divers codébiteurs (arg. de 1382). Ainsi supposez deux codébiteurs solidaires ; le créancier consent à *Primus* mainlevée de l'hypothèque qu'il avait prise sur ses biens pour sûreté de la créance, et puis réclame la prestation totale à *Secundus :* celui-ci sera fondé à repousser le créancier, par ce motif, qu'il lui a enlevé le moyen d'être garanti dans son recours, et on l'admettra à payer la dette pour sa part seulement. — Les pertes résultant de l'insolvabilité de l'un des débiteurs doivent être réparties par contribution entre tous les codébiteurs solvables, qui ont originairement figuré dans l'obligation, et celui qui a fait le payement (1214,1213).

## § II.

### *Des obligations in solidum.*

L'obligation peut être pour le tout, sans que pour cela les divers obligés aient entendu se donner respectivement mandat d'agir les uns pour les autres. Nous avons vu qu'en Droit Romain, cette nuance n'avait pas échappé à l'œil investigateur des jurisconsultes. Dumoulin, adoptant la distinction établie par les docteurs de Rome, divise les obligations solidaires en obligations *corréales* et en obligations *in solidum.* Comme théorie générale, les Codes français ne contiennent rien sur les obligations *in solidum,* quoiqu'ils en donnent d'assez nombreux exemples. Les commentateurs, si prolixes sur d'autres sujets, n'ont pas suppléé à ce silence et n'ont formulé aucune doctrine sur cette matière délicate, jaloux, sans doute, de prouver la vérité de ce mot d'un de nos premiers jurisconsultes : « *in re facili multi, in re difficilli muti.* » On ne trouve guère d'autre travail sérieux sur ce point, que quelques pages de la thèse que soutint M. Blondeau, devant la faculté de Paris, dans son concours de 1819.

Le Code civil ne reconnaît qu'implicitement l'existence de l'obligation *in solidum*, sans dire dans quels cas elle naît. — Dumoulin admettait la solidarité conventionnelle comme seule solidarité corréale ; toute solidarité prononcée par la loi n'était pour lui qu'une obligation pour le tout, *in solidum*. Ce criterium de distinction nous parait illogique et trop arbitraire : aussi, adopterons-nous d'autres règles de division. L'obligation *in solidum* prend naissance dans des cas assez nombreux, que l'on peut ranger en trois classes.

1° Il y a obligation *in solidum*, toutes les fois que l'on trouve dans une obligation l'intention des parties de s'obliger pour le tout, sans retrouver les caractères principaux, à l'existence desquels est subordonnée la naissance de l'obligation solidaire. Voici une application de ce premier principe : si un débiteur s'engage par un acte postérieur comme coobligé solidaire d'autres débiteurs qu'un contrat antérieur a déjà liés, nous retrouvons dans le fait de ce débiteur l'intention de s'obliger pour le tout ; cependant son obligation ne sera pas solidaire, parce qu'il est de jurisprudence, que, pour qu'il y ait solidarité, tous les codébiteurs doivent s'engager par un seul et même acte : il y aura donc solidarité imparfaite, c'est-à-dire obligation pour le tout, *in solidum*. — On peut citer comme exemple saillant de la solidarité imparfaite, établie par actes postérieurs, l'endossement en matière de lettre de change. En ce cas, en effet, les coobligés doivent tous intégralement la même valeur, sans qu'il y ait jamais eu entre eux des rapports simultanés d'entente. — Du reste, dans presque tout le droit commercial la logique oblige de substituer le mot *in solidum* à celui *solidairement*, employé par le législateur.

2° Il y a encore obligation *in solidum*, lorsque la loi déclare certains individus réciproquement solidaires, sans qu'on puisse véritablement supposer qu'ils se représentent les uns les autres. Ainsi la loi déclare plusieurs exécuteurs testamentaires réciproquement solidaires (1033). Or, on ne peut admettre qu'ils se soient donné entre eux mandat de payer les legs : cependant c'est sur cette fiction du mandat que repose toute la théorie de la solidarité. Mais si on ne peut admettre le mandat, comme d'un autre côté il est certain qu'ils sont responsables chacun pour le tout, on doit dire qu'il y a solidarité imparfaite, c'est-à-dire, obligation *in solidum*. — L'on devrait raisonner de même pour tous les cas où la loi s'est servie du mot *solidairement*, et où l'on ne peut admettre que les coobligés se soient donné mandat ; ainsi pour la responsabilité des cautions (2025), des colocataires tenus pour incendie (1734), etc...

3° Il y a enfin obligation *in solidum*, toutes les fois que l'obligation est pour le tout, mais qu'on ne peut admettre la représentation sans violer des règles d'ordre public. C'est ainsi que les coauteurs d'un même crime ou délit sont tenus *in solidum* et non *solidairement* des amendes, restitutions, dommages, intérêts et frais (55 Cod. pén.). On ne saurait en effet prétendre qu'ils se sont donné mandat d'agir, puisqu'on ne peut stipuler des choses illicites. — La solidarité de l'art. 55 doit-elle être étendue aux coauteurs ou complices de contraventions, ou de délits et quasi-délits civils (1382)? Cette question a été vivement controversée.

Telles sont les règles principales auxquelles il faut se référer pour savoir s'il y a ou non obligation *in solidum*.

Quel intérêt y a-t-il à savoir qu'une obligation est *corréale* ou *in solidum*? C'est que, variant dans leur base essentielle, ces obligations produisent des conséquences en grande partie diverses. Ces deux genres d'obligations se ressemblent en ces points, que dans les deux il y a unité du contrat, ou pour mieux dire, du fait génératif de l'obligation, unité de dette et subrogation, après payement, aux droits du créancier ; mais sur tous autres , elles diffèrent complétement. Ainsi, de ce que dans la *solidarité* les débiteurs sont censés s'être respectivement donné mandat d'agir , il suit : que les poursuites à l'égard de l'un des débiteurs solidaires interrompent la prescription à l'égard de tous ; que la remise de la dette à l'un des débiteurs solidaires sans réserve expresse contre les autres , libère tous les débiteurs (1285 , 1°), etc..... De ce que au contraire la fiction du mandat n'est point admise dans l'obligation *in solidum*, il résulte : que les poursuites contre l'un des codébiteurs *in solidum* n'interrompent pas la prescription à l'égard des autres ; que la remise de la dette à l'un des codébiteurs *in solidum* même sans réserve , ne libère pas les autres ; que le jugement rendu à l'égard de l'un des débiteurs *in solidum* , ne profite pas aux codébiteurs , etc.....

————

*Cette Thèse sera soutenue en séance publique , le juillet 1849 , dans une des salles de la Faculté.*

Vu par le Président de la Thèse ,

**DUFOUR.**

TOULOUSE, IMPRIMERIE DE JEAN-MATTHIEU DOULADOURE.

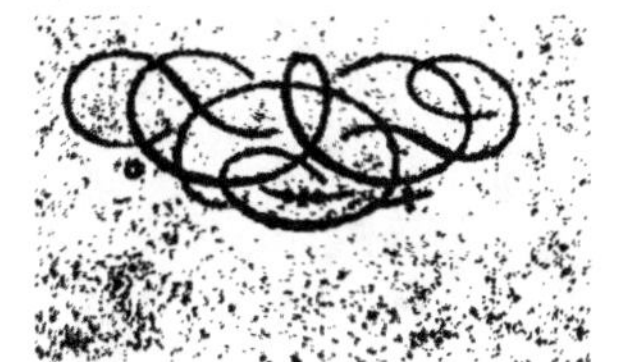